JN034370

目標達成トレーニング

大高弘之

ACHIEVEMENT PUBLISHING

はじめに

物事にはなんでも良い面もあれば悪い面もあります。メリットがあればデメリットもあります。目標もエネルギーになることもあれば、エネルギーを奪うものにもなります。

なぜ目標を達成できる人とできない人に分かれるのか？

達成する人は、目標に対してあきらめず、行動し続けているのです。当たり前のことです。しかし、自己管理をしながら、無理をして乗り越えていく苦行のような行動では続きません。

私たちは「しなくてもいいこと」に囲まれて暮らしています。それによって流されて、目標達成に効果的な行動からどんどん遠ざかっていきます。根本的な原因を理解せずに小手先のテクニックや一時のやる気で乗り越えようとすると行動は続きません。

目標達成に効果的な行動を続けるためにはどうしたらいいのか？

本書では目標達成をめざしたときに、障害となるものを織り交ぜながら、弾み車のように小さな達成を積み重ねていく方法をご紹介します。
目標達成の根本原理を理解したうえで対処すれば、やる気を出さなくても行動は続き、行動が続けば自然と達成し続けられるようになります。
「どうすれば目標達成できるか？」ではなく、「どうやっても目標を達成してしまう」に変わります。

実際、当社の研修を受けてくださった受講生の例もご紹介しています。事例を出すことで読者のなかには「宣伝」と捉える方もいらっしゃるかもしれません。

トレーナーという職業の特性上、研修効果は受講生の例しかお出しすることができずに恐縮ですが、事実として起こっていることです。良い所どりをしないため、受講生ご自身の言葉で綴っていただいたものをなるべくそのままの形で載せています（読みやすくするために少し編集の手を加えています）。

この本で伝えていることは研修のエッセンスではありますが、核となる目標達成の概念は余すところなくお伝えしています。ご自身のものにすることで、研修と同じかそれ以上の結果を手にすることができます。ぜひ、内容を実践し、目標達成する技術を身につけてください。そして、研修以外での成功例として、あなたご自身の成果を教えていただけることを願っています。

目標達成トレーニング　目次

第2章 どうしたら目標が達成できるのか？

行動のメカニズムを知る

第3章　時間とお金を倍にする方法

第4章　弱い自分を克服する習慣形成

第1章

目標の罠

生き方に正解はない。
ただし、効果的な生き方は
技術として存在する

なぜ目標が達成できないのか？

この本を手に取られたということは、未達成のままにしている目標があるのかもしれません。

「夏までには必ず痩せるぞ！」
「3年後までに300万円を貯めるぞ！」
「今年こそは社内表彰される営業成績を出すぞ！」

どんな人にも達成したいことがあります。願望があります。計画したときにはやる気に満ち溢れ、絶対に達成すると強く決意をしている。できると確信している。希望を抱いているのに、ふたを開けてみると、達成し続けられる人のほうが少ないものです。

なぜ目標が達成できないのか？

目標を達成するために「時間、お金、エネルギー」を集中させていないからです。当たり前ですよね。簡単に言えば、余計なことをしているから、「忙しい、忙しい」と言いながら、一向に目標が達成できないのです。

では、どうして目標達成に役立たないことをしてしまうのでしょうか？

その原因は私たちの行動メカニズムです。第2章で詳しく述べますが、私たちは何をしていても、なんらかの欲求を充足しています。決めた目標から遠ざかっているようでも、自分が求めているものを得ています。

人はつねに最善を尽くしています。

「これこそが自分の達成したい目標だ。自己実現だ。だから、今日こそは始めるぞ！」と心に誓っても、つい違うことをしてしまう。それはそれで欲求を満たしていると言えます。だから最善なのです。

もしかしたら、目標をもった瞬間の高揚感や、「あー、やっぱりダメだった」という未達成によるあきらめの快感で満足してしまっているのかもしれません。あるいは、目標を達成することよりも、目標を掲げて「こうしたらいいかな？　ああしたらいいかな？」と方法を探ったり、勉強することに楽しみをおぼえている可能性もあります。

心の底から「達成したい！」という目標をもてたら、その時点で勝利です。なぜならどこまでも達成にこだわるからです。時間、お金、エネルギーを惜しみなく投じるでしょう。だから、目標の設定がきちんとできれば、立てた瞬間にその目標は達成されたも同然なのです。

でも、そんな目標はなかなか見つかりません……。なぜなら目的がないからです。

目的と目標の違い

ある大学生がわたしにこのように言いました。

「これまで散々両親に迷惑や苦労をかけてきました。これからは恩返しをしたい。親孝行をしたい。一生懸命に勉強して、よい会社に入って、よい仕事をして、安定した収入を得たいと思っています」

この言葉には明確な「目的」と「目標」があります。「恩返し」「親孝行」という目的のために「一生懸命勉強して、よい会社に入って、よい仕事をして安定した収入を得たい」という目標を立てています。

あなたは誰のために、なんのために、なぜその目標を達成しなければならないのですか？

目的を達成するために目標があります。目標は通過点にすぎません。

成功とは目的を遂げることであり、人生の目的とは「幸せになること」です。幸せのイメージは人それぞれ異なります。ただ、誰でも大切にしたい人や価値観があります。それらを大切にしている実感があるときに、幸せを感じるのです。

だから、目標とは達成してもしなくてもいいものではありません。あなたがもっと幸せになるために、大切な人を、大切なものを、大切にするために必ず成し遂げなければならないものです。

「目的」を遂げるために「目標」があるので、達成とは目を吊り上げて心身を削りながら必死に取り組むものではありません。あなたがより幸せになるために、人生をコントロールしていくために、当たり前のように毎日おこなうものです。

では、人生をコントロールするとはなんでしょうか？　どうしたら人生をコントロールできるのでしょうか？

私たちはコントロールできないものをコントロールしようとして不幸感を味わいます。コントロールしようとしがちなのが他人と過去です。しかし、他人を変えることも、過去に起きてしまったことを書き換えることもできません。

もしかしたら、他人は変えられると言う人がいるかもしれませんが、働きかけることはできても、他人の思考や行動を完全に思いどおりにはできません。

私たちは生まれながらに他人をコントロールしようとする生き物です。人間の赤ん坊は一人では何もできません。泣きわめくことで親に世話をしてもらって成長していきます。まさに他人をコントロールする達人です。

しかし、自我が芽生え、大人になるにつれだんだんと世話を焼かれなくなってきます。泣いてもわめいても他人は自分の思いどおりには動いてくれません。自分の欲求、願望は自分で満たさなければならなくなるのです。

私たちは他人をコントロールして自分の欲求を満たすということが赤ん坊のころに染み付いていますから、言葉、暴力、お金などさまざまなもので意図どおりに他人を動かそうとします。

たとえば、小さいころに親から「ダメ！」と暴力を振るわれていると、他人にも暴力を振るって思いどおりにしようとします。「勉強しないと将来大変なことになるぞ！」と脅されていると、自分も他人を脅しながら動かすようになります。これらはすべて自分の欲求を満たすため、望むものを手に入れるための、その人にとっての最善の試みです。

私たちはつい他人をコントロールしようとしてしまいます。そこで使われるのは経験上よく使っている、自分が効果的だと思い込んでいる手段です。その時々の試みがうまくいくときもあれば、うまくいかないこともあります。

スポーツで勝ちたい。異性にモテたい。お金がたくさん欲しい。願望はたくさんあります。それらは自分の力で手に入れなければなりません。でも、自分の設計図どおりに動いてくれる人はなかなかいません。すると、欲求が満たされなくなる。願望が叶わなくなる。だから、長期的に私たちを悩ませる心の問題は人間関係に起因しています。

「信じられない。なぜあんなことを平気でするんだ」
「あの人は相手の気持ちを全然考えない」
「どうして言ったことを守らないの？」

誰でも一度くらいはこう感じてみじめな気持ちになったことがあるでしょう。組織とは、異なった価値観の個々人の集合体です。自分と同じ感覚、同じ考え、同じタイミングでなんでも同意して動いてくれる人だけに囲まれていたらなんて幸せな人生でしょう。それは夢物語で、私たち人間は一人ひとり違います。他人の頭の中をのぞくことはできないので、相手が何を思っているのか、考えているのかはわかりません。つまり、他人をコントロールすることはできない。その前提で関わり合いながら生きるしかないのです。

私たちは生育上、他人をコントロールせざるを得ませんでした。しかし、その生存戦略は成長に伴って変更しなければいけなくなりました。

これが理解されていないと、不毛なやり方で他人をコントロールしようとして人間関係のストレスを味わい続けます。結果、思うとおりの人生にならない。他人をコントロールできないことで、自分の人生のコントロールを失って不幸感を味わいます。

人生がすべて思いどおりになったら、願いが次々と叶えられたら、私たちは幸せ感を味わいます。しかし、天候、他人、風習、ルール……。変えられないもの、あるいは変えにくいものに囲まれながら、私たちは生きています。人生をコントロールできれば幸せですが、じつは私たちの人生はコントロールできないものばかりであることを知ってください。

そのなかで、私たちが幸せに生きるためにはどうしたらいいのでしょうか?

コントロールできるものだけに焦点を当てることです。すると、人生は望みどおりにコントロールできます。コントロールが増せば増すほど幸福感を味わえます。

たとえば、お金を求めるのはお金があることでできることが増える。コントロールできることが増すからです。しかし、「お金を得るためには労働をする」といった変えにくいルールに従わないといけません。そして、たくさんお金を稼ぐためには、仕事の能力を高めなければいけない。そのために勉強しなければならないと、どんどんやらなければならないことが増えてきます。

こうした構造がわかれば、自分が欲しいと思っていたお金は手段にしかすぎないこと。根本的にはコントロールを増すことが幸せにつながることがわかります。

それでは、どうすれば人生をコントロールできるようになるのでしょうか？　それはとても単純なことです。思考と行動を変えるだけです。

ここでアプローチを変えて成功した受講生の例をご紹介しましょう。

実践例 1

株式会社リオス

代表取締役社長　髙山幸治さん

父親の会社を引き継ぎ、代表に就任してからはあらゆる経営セミナーに参加し、右肩上がりで成果を出していました。勢いもあって「この調子で10億いくぞ！」と社員に宣言し、自分自身も励んでいましたが、７億９０００万円を計上したころ、気がつくと社員は毎日午前様で、表情は疲れ切っていました。一人辞め、二人辞め。次々と社員が離職する状況に「８億円が限界か……」と落胆しました。

同時に父親とは絶縁状態で、夫婦仲も最悪。離婚を決意した時期でもありました。

そんな折、ゴルフ仲間の社長から「３日間空いてる？」と言われて、当時ゴルフ合宿をしようと話していたこともあって、二つ返事で「空いてます！」と答えました。よく話を聞くとアチーブメント社の３日間の公開講座のお誘いだと言います。

一度空いていると答えた手前、撤回はできません。

講座の初日は斜に構えたように会場最後列のいちばん端の席で受けていました。

個人も企業も土台に理念を据え、その上にビジョン、目標（目的からの逆算した目標）があり、理念から実践まで一貫性が通った考え方と行動が必要だと教わりました。


自分はこれまでなんのために10億円を達成したいのか理由が曖昧で、目的のない小手先の経営をしていたことに気づかされ、衝撃を受けました。

さらに選択理論心理学を知り、今まで相手を批判したり、責めたり、文句を言ったりして自分の思いどおりに他人をコントロールしようとしていたことを自覚しました。社員が次から次に離職していった理由がこの学びでなんとなく理解できました。自分の経営能力を過信し、社員を稼ぐ兵隊のように扱っていた自分は「裸の王様」だったのです。

どうしたら、経営理念に共感する社員に満ち溢れ、一人ひとりが理念に対して主体的で目標に対して意欲的な仕事をしてくれる組織に変われるだろう?

研修を受けて、社長である私自身が経営（社員、お金）に対する考え方を変えるしかないという結論に至りました。そこで人生理念を確立して、経営理念を改定しました。

【人生理念】

愛・責任・感謝・がらっぱち

【人生ビジョン】

存在によって縁ある人々の未来を照らす漢

【経営理念】

「街と人の輝く未来の架け橋に」

私たちは人間尊重を基軸とする企業活動を通して、お客さまの「喜びと安心」

に貢献し、全社員の幸福の追求と、地域社会の繁栄に寄与する事を目的とします。

さらに毎月1回、わたしが講師となり、全社員に対して選択理論心理学の勉強会を含む研修を始めました。

夫婦関係を修復するために妻の願望を共有してもらうための対話をし、感謝の気持ちを言葉で伝えるようにしました。

これまでは感情的に自分の正しさを押し付けていたため、はじめはなかなか感情コントロールができませんでした。一切否定せず、相手の話の腰を折らず、傾聴と承認に徹することには苦労しましたが、離婚の危機が何回もあった妻との関係は徐々に良好になっていきました。

また、自分の快楽や欲求を満たすために時間やお金を使うことが習慣化していたので、目的・目標から逆算した日々の行動をすることを心がけました。

セルフカウンセリング手法を使って、自分がほんとうに求めているものを明確にし、そのために時間とお金を効果的に使っているかを毎日検証しました。時間はかかりましたが、願望が明確になるに従って確実に時間とお金の使い方が変わりました。

その結果、当初からの目標だった売上10億円を社員と力を合わせて達成し、現在は15億円まで成長しています。社員の離職率は2％未満に減少。福岡県の第三者評価機関から良い会社認定（中小企業の部）で最高得点をいただきました。

２０２７年の売上目標は20億円を宣言しています。自信はあります。なぜなら、目標達成の技術を手に入れたからです。

そしてもうひとつ達成したことがあります。以前から父親との関係が悪く、一度も父親と二人で食事をしたり、お酒を飲んだことがありませんでした。小さいころから父親に批判され、責められ、文句を言われ、ガミガミ言われ、苦痛をおぼえていました。会社内でも煙たかった。目障りと思っていたので、自分が社長に就任するとき、社員に踏み絵をさせました。

「おれについてくるのか？　それとも親父についていくのか？　どっちだ！」

そんなことも平気でやっていました。結果、わたしに軍配が上がり社長の椅子を奪いました。

でもうれしさはなく胸が痛かったのです。父親はわたしが憎いわけではない。そのような言い方、しつけの仕方しか知らなかっただけで、愛してくれているんだということがわかってきました。

講座で学び始めてから3年が経ち、はじめて二人だけでお酒を酌み交わしました。すると父親が「せがれはよくがんばっているよ」と、うれしそうに飲み屋で語る光景を見て、涙が出てきました。はじめてほめられた。認めてもらえた。ここまで育ててくれてありがとうという感謝の気持ちが湧き上がってきました。

先日、会社の家族レクリエーションで息子が全社員とそのご家族に恐る恐る、でも小さな体でスピーチしている姿に涙しました。

「ぼくは将来たくさん勉強して電気工事士になりたいです。そして社長になります！　だからそのときはみんなでぼくのことを助けてください。よろしくお願いします」
この息子のメッセージこそが学びで得られた真の成果だと思います。社員とも父親とも妻とも子どもたちとも現在がいちばんよい状態です。家族仲がよいこともあり、たくさんの知人、友人が自宅に遊びに来てくれます。

ビジネス、プライベートともに受講時に理想としていた姿よりも今では想像もつかないほどの成果を手に入れることができています。
目標達成を繰り返すたびに理想の状態が更新され、思考が拡張し、受講前ではイメージできないほどの経済的、精神的な豊かさを手にしました。思考の中に未来があるとほんとうに実感しています。

人間は情報の取得と行動の選択を繰り返す生き物です。高山さんは良質な情報と出会い、人生が大きく変わりました。「良質な情報との出会いは人生を根本から変える時がある」。情報の質が考え方と行動の選択の質となり、その選択の質が人生の質になります。

「努力は裏切らない」「努力は報われる」のではなく、正しい情報を得て、正しい選択をしたうえでの十分な量のなされた努力が裏切らない、報われるのです。

なぜなら、人間はつねに情報の取得と行動の選択を繰り返すからです。自分が取得した情報によって、思考と行動の選択の質、実行の質が変わります。結果、人生の質が変わります。だから、いちばん大事なのは、入り口の情報の質です。

いま、情報過多の時代（情報パンデミック）と言われます。20年前に比べると情報の拡散力が68倍になりました。この20年間でマスメディア（テレビ・ラジオ・新聞）からインターネット、携帯電話へ、そしてSNS（ソーシャルネットワーキングサービス）、動画サイトへと急激に拡散力が高まり、社会の混乱を招きました。不必要な情報が多すぎて、人生においてほんとうに必要な情報が届かない。何が大切なのかがわからなくなっています。

さらに、そもそも人間はネガティブな情報を先に目にする傾向があります（ネガティビティバイアス）。ネガティブに注目しがちであることを理解して、自分自身が人生で求めるものを明確にしましょう。すると、取得する情報の質が変わって、思考が変わり、行動が変わります。

高山さんは人生の目的、理念を明確にしました。中小企業経営者ですから、自分の理念が会社の理念になります。元来、実直で真っ直ぐな性格ゆえに、自分の生き方の軸（判断基準）が揺るぎないものになったことで経営理念から一貫性をもって実践を積み重ねられました。利己的から利他的な判断、決断に変わったのです。人生の目的が腑に落ちれば持ち前の実行力で結果が出るのは当たり前です。

「がらっぱち」とは言動が粗野、荒っぽいということですが、高山さんの自然体な姿、拠り所なのです。ものすごいリーダーシップを発揮し、ほかの受講生から「兄貴」と大変に慕われています。ちなみに粗野とは荒々しく、野性的、また、洗練されていないこと、ゆえに、長く学び続けてくださっています。

生き方に正解はない。ただし、効果的な生き方は技術として存在する。理念が明確になって人生も経営も変わった大変にうれしい事例です。

先日、高山さんのお父様が逝去されました。最後にお父様から「幸治と和解し、仲よくなれてほんとうによかった」と話してくださったそうです。ほんとうに感動しました。今後、高山さんの地域や社会におよぼす影響力はさらに増大してゆくことでしょう。

目的があるから目標達成への意欲が湧きます。そして、目標を達成していくと、人生がコントロールできる感覚になります。

すでに述べていますが、私たちは自分の欲求を満たすために他人をコントロールしようとしてしまいます。しかし、他人はコントロールできないので、人生がうまくいかない、思いどおりにならないと感じてしまう。みじめな気分を味わってしまう。

だから、コントロールできないもののコントロールを手放して、コントロールできるものだけをコントロールして生きるのです。

私たちがコントロールできるものとはなんでしょうか？

自分、もっと言えば自分の思考と行動です。人生をコントロールするとは、自分をコントロールするということなのです。思考と行動のコントロールに集中すれば、人生をコントロールできるようになります。

どうやって目的をもつのか?

「自分の思考と行動をコントロールする? 当たり前でしょう。何を考えているかも、どう行動するかも全部自分で決めて、自分で選んでいます」

こうした反論の声が聞こえてきそうです。当然です。私たちはすべて自分たちで選んでいます。あなたが他人をコントロールできないように、誰もあなたをコントロールできません。

しかし、親から言われた生き方、会社に掲げられた目標、世間からの評判に縛られて、自分の願望ではなく、他人の願望、思惑を優先して生きている人がたくさんいます。すると、人生のコントロールを失います。人生のコントロールを失うと、「やりたいことがない」延《ひ》いては「生きていてもつまらない」というところにまでエスカレートします。

やる気はあっても実行力が足りず、挫折したことはありませんか？

達成したい目標があるのに、未達成を繰り返していませんか？

あなたの目標は「誰に何を言われようとも、成し遂げたい！」というものですか？

人間は誰でもいつか人生の幕を閉じます。そのときに「かけがえのない人生だった」と心から言えるかどうかは、かけがえのないものを大切にすることができたかどうかにかかっています。

あなたにとってかけがえのないものはなんですか？　人生の目的とはなんですか？

ほとんどの人が人生に目的や目標をもたずに生きています。無目的・無目標の人は全体の8割と言われます。

どこかの本を読んだり、セミナーを受けて「人生の目的をつくりましょう！」と言われて、紙に書き出したり、壁に貼り出してみても、なかなか実感が湧かないと思います。

大切なのは形ではなく、あなたがほんとうにそれを望んでいるという実感です。

だから、「これが人生の目的だ！　目標だ！」というふうにしても、すぐに忘れてしまいます。行動は伴いません。人生の目的を遂げるために効果的な行動を毎日選ぶことは、そんなに簡単なことではないのです。

では、このような質問に変えたらどうでしょうか。

あなたは価値ある人生を歩みたいですか？　価値ある人間になりたいですか？

答えは誰でもイエスでしょう。万人共通の願望です。

では、次の質問です。

あなたにとって価値ある人生とはなんですか？　価値ある人間とはなんですか？

思いついたことを自由に書いてみてください。答えはあなた自身の大切な価値観にあります。

実際、ほとんどの人はこの本に書き込みをしていないと思います。頭に答えを思い浮かべてくださった方は何人かいるかもしれません。とても大事なことなので、もう一度、言い換えて質問します。今度はぜひ思いついたことを書き出してみてください。

あなたは人生において何を大切にしたいですか？　誰を大切にしたいですか？

いかがですか？　いくつか答えが出てきたのではないでしょうか。

つまり、「人生の目的」なんて大層なことを考えなくても、自分が大切にしたい価値観、もの、人を大切に生きるというのが、求めるものを得る効果的な生き方なのです。

何が正しいのか、どう生きればいいのか。皆、正解を求めます。しかし、生き方に正解はありません。あるのは、求めるものを得るために効果的な選択、効果的な生き方かどうかだけです。

人は皆、最善を尽くしています。何をもって最善かと言うと、その時点でもっている情報や経験のなかでの最善です。

しかし、最善であることと、効果的であることは違います。学ぶことによって、よい情報を取得し、よい経験を積めば、最善の質が限りなく効果的に変わります。

情報を仕入れることで選択肢が増えて、より求めるものに対して効果的な方法が取れるようになっていきます。最善の質が変わります。

だから、最善を尽くしていると認めながら、目を向けるべきはその質です。今していることは求めるものに対して効果的かどうかを考えてみてください。

「あなたがほんとうに大切にしたいものはなんですか？　そのために毎日何をしますか？」

この答えがあなたの設定する毎日の目標です。手帳に、スマホに、その日のタスクをリストアップする人はたくさんいると思います。それらを設定する前に考えてみてほしいのです。あなたが今日しようとしていること、あなたが今日アポイントで出会う人、参加するイベントは、あなたの大切にしたい価値観を、大切にしたい人を大切にすることですか？

価値観を大切にするとは、あなたの人生を、自分自身を大切にすることです。

これをアチーブメントピラミッドという概念で説明します。ピラミッドの土台はあなたの人生理念（価値観、哲学、信条、理念）です。そこからどうなりたいのか理想の姿を描いたものが人生ビジョンです。

人生ビジョンを実現するために、「何をいつまでにするのか」、時間軸に落とした目標があります。これを達成するための計画を立て、日々実践するのです。

多くの人は自分の人生にとってほんとうに大切なものが何かを知りません。もしくはわかっていても大切にしていません。だからピラミッドの一貫性が通っていないのです。

理念と日々の実践を結び付けて実行することで、「自分は価値ある人間だ。価値ある人生を生きている」と実感できます。自らの人生を能動的、内発的、主体的に生きられます。だから楽しい。楽しんでいる人には勝てません。その反対が強制、強要です。他人から押し付けられた人生ほどつまらないものはありません。

だから、わたしも毎日セルフカウンセリングをしています。

［ アチーブメントピラミッド ］

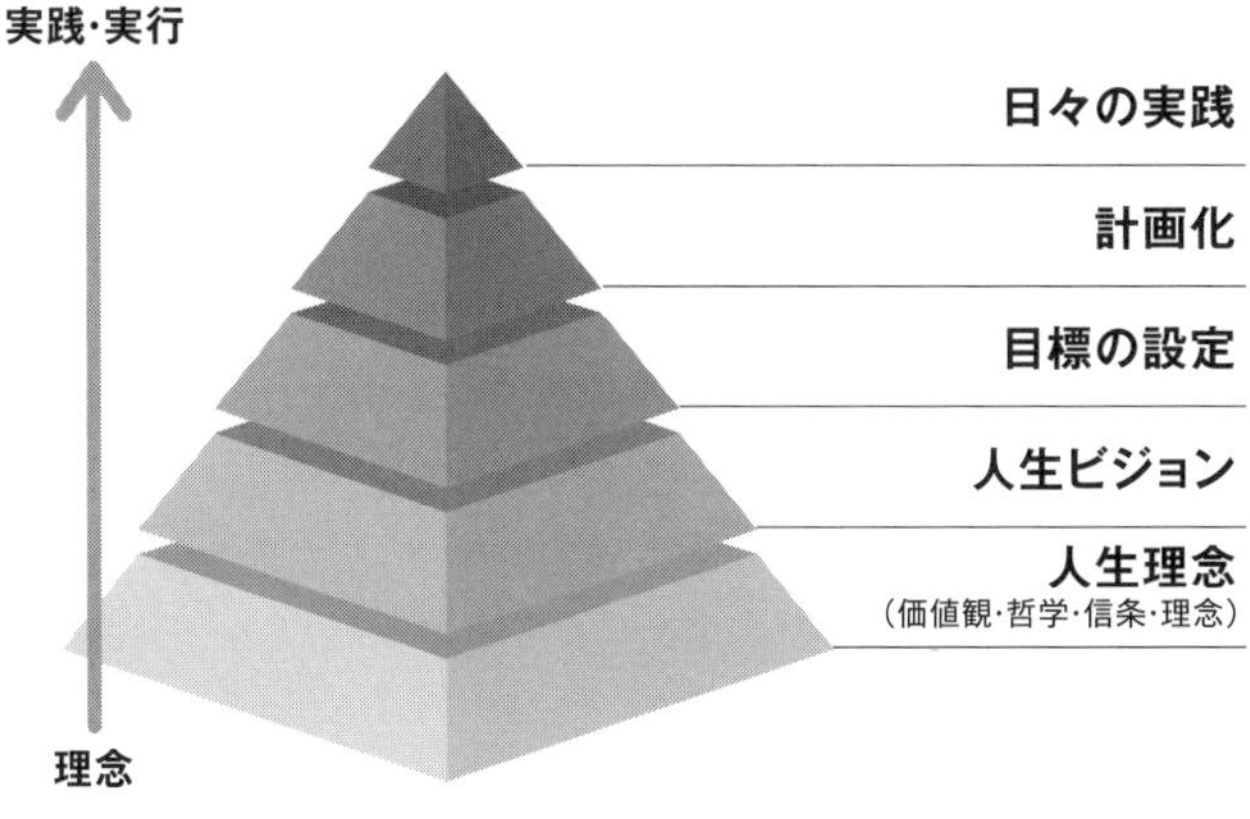

※『アチーブメントピラミッド』はアチーブメントの商標登録です。
©Copyright 2023 Achievement Corp., All rights reserved.

❶願望の明確化

わたしは何を求めているのか？
わたしにとっていちばん大切なものは何か？
わたしがほんとうに求めているものは？

⬅

❷時間（お金）の使い方の現状をチェックする

そのために「今」何をしているのか？

⬅

❸主観を絶対視せず、客観的に行動を自己評価する

その行動はわたしの求めているものを手に入れるのに効果的か？

⬅

❹改善計画とその実践

もっとよい方法を考え出し、実行してみよう

この4つの質問をすることで願望、価値観を確認し、日々の実践に一貫性が通ってい

[セルフカウンセリング]

❶ 願望の明確化

- わたしは何を求めているのか？
- わたしにとっていちばん大切なものは何か？
- わたしがほんとうに求めているものは？

❷ 時間（お金）の使い方の現状をチェックする

- そのために「今」何をしているのか？

❸ 主観を絶対視せず、客観的に行動を自己評価する

- その行動はわたしの求めているものを手に入れるのに効果的か？

❹ 改善計画とその実践

- もっとよい方法を考え出し、実行してみよう

©Copyright 2023 Achievement Corp., All rights reserved.

るかを自分自身に問いかけるのです。

自分の大切な価値観から行動まで一貫性を通すことで価値ある人生を送ることができます。

わたしの場合、「お客様によくなっていただきたい」というのがトレーナーとして大事にしている価値観です。だから、研修の前には準備の時間を必ず1時間、振り返りに30分取っています。これらがタスクとしてほとんど毎日入ってきます。

年間160日間、研修をしています。テーマは変わっても話の骨格は同じです。話す内容は大きく変わりません。それでも自分の大切な価値観と研修トレーナーという職業が明確に紐付けられているので、準備と検証は毎回怠りません。

客観的に見れば、代わり映えしない毎日を送っているように見えるかもしれません。ただ、20年以上続けてもまったく燃え尽きることなく、準備と検証を余念なくおこなえるのは、研修トレーナーが自分にとって価値ある職業だからです。目的がないまま、同じことをしていると、人によっては手を抜いたり、燃え尽き症候群になってしまいがちです。

わたしは仕事や職業が大切な価値観と紐付いているので、1回1回の研修をするたびに「価値ある人生を過ごせている」と実感できますし、手を抜くことはありません。

人それぞれ、価値観は違うので、目標も千差万別です。達成するたびに「自分の人生にとって価値あることができているな。幸せだな」と実感できるような目標を設定しましょう。人生の目標はなくても生きていけますが、願望実現の人生を歩みたければ、誰にでも目標は必要です。

大事なことは、毎日「価値ある人生だな。幸せな人生だ」と実感できるかどうかです。そう思える価値観にあるものはずっと続けたくなるはずです。

幸せとは探し求めて四苦八苦するのではなく、「幸せを実感できる自分になる」ことで、手に入るものです。

第2章

どうしたら目標が達成できるのか？

行動のメカニズムを知る

本質の追求

①健康
②人間関係
③職業の卓越と高い自尊心
④経済
⑤趣味・教養

誰もが最善の行動をしている

人生の目的、目標の価値はわかった。それらと紐付けて行動することで幸せになれることもわかった。しかし、人間は弱く、自己中心的で、怠惰です。「今日から配偶者を大切にしよう。家族の時間を取ろう」と決意しても、つい仕事や同僚との飲み会など、自分がしたいことに流されてしまいます。

人間はどんな行動をしていても、欲求を満たすためその時々で最善を尽くしているのです。だから、決めたことを守れなくてもそれはそれで最善なのです。私たちはつねに最善を尽くしています。今がどんな状態でも自分自身を承認してください。

たとえば、管理職研修でもこの話をします。参加者は皆さん、マネジメントに最善を尽くされています。ただ、結果を見ると組織の成果は上がっていない。良好な人間関係が築けていない。つまり、その最善は結果、効果的な取り組みではないということになります。なぜなら、生産性に目を向けさせて、一人ひとりがやりきるように外的要因で部下を動機付けようとしているからかもしれません。

選択理論心理学を学ぶことで、人は内発的に動機付けされる生き物であることがわかります。すると、部下を動機付けさせるのではなく、動機付けの障害を取り除くことに注力し始めます。生産性ではなく、質を高めようとします。個人ではなく組織での達成をめざします。コミュニケーションが「批判する」「責める」「文句を言う」「ガミガミ言う」「脅す」「罰する」「褒美で釣る」から「傾聴する」「支援する」「励ます」「尊敬する」「信頼する」「受容する」「意見の違いについて交渉する」といった方法に変わります。

かく言うわたしもアチーブメントに入社してから、決して効果的なマネジメントができていたわけではありません。

新卒で上場食品商社に入社したのは１９８８年のことです。経理部に配属されました。

仕事はしっかりと全うしていましたが、内部管理の仕事だったので、努力した分が目に見えて評価されることはなく、そうした世界を求めて、外資系人材紹介会社の営業職に転職しました。

しかし、転職してすぐにはさほど大きな成果が出ず、そのときに会社でアチーブメントの営業研修を受講し、成果を出せたことをきっかけに個人でも公開講座に参加するようになりました。

アチーブメントに入社したのは2002年です。長年、学んできて、他人はコントロールできないこと。強制、強要のボスマネジメントではなく、メンバーの自主自立（自律）を引き出すリードマネジメントが大事だと頭ではわかっていました。

しかし、実際には自分の正しさを部下に突き付けていました。「このとおりにすれば必ず結果が出る」と自分自身がやってきたことの正しさを前提に「引き出す」マネジメントではなく、「教える」マネジメントをしてしまっていました。

「自分はできている。メンバーができていないのは努力が足りないからだ」という考え方だと、瞬間的な成果は出たとしても長期的なメンバーの成長にはつながりません。それは間違っていることに薄々気がついてはいましたが、生来の几帳面な性格ゆえに、会社の考え方、方法を正しく「教え」なければならないと思っていました。

わたしの課題は若いときからつねにマネジメントでした。職務上、その立場から無意識に指導してしまいました。つねに効果のある改善策であることが多かったとは思いますが、「メンバーに対して、自分もコントロール可能な行動に導き、納得感をもたせることが大事だ」という観点が足りなかったのだと、いまならわかります。しかし、それがその時の最善でした。

アチーブメントには部長代理としての中途入社でしたが、入社4ヵ月後には自らマネジメントを降りました。その後、2年間、いちコンサルタントとして現場で経験を積んで、再度マネジメントに挑戦することになります。

自分の求めていることと、今、手にしていることが大きく乖離しているのならば、これから選択の質を変えたらよいのです。「最善である」ことと「効果的である」ことの違いを理解し、学びましょう。

今していることは価値ある人生を送るために効果的ですか？

すべての行動は最善を尽くした結果であると受け入れる。そのうえで自分の大切な価値観に紐付けて行動できるように自己評価していく。毎日が目標達成のトレーニングです。

なぜそのようなことをするのか？

あなたに価値があるからです。自分には価値があると思う人は、価値のある人生を築きます。だから、あなたは価値ある人生を歩んでいくのです。

人はそれぞれの自己概念に沿って願望を実現していきます。本書で事例としてご紹介させていただいている受講生たちも、全員が恵まれた環境からスタートしているわけで

［ 成功のサイクル、失敗のサイクル ］

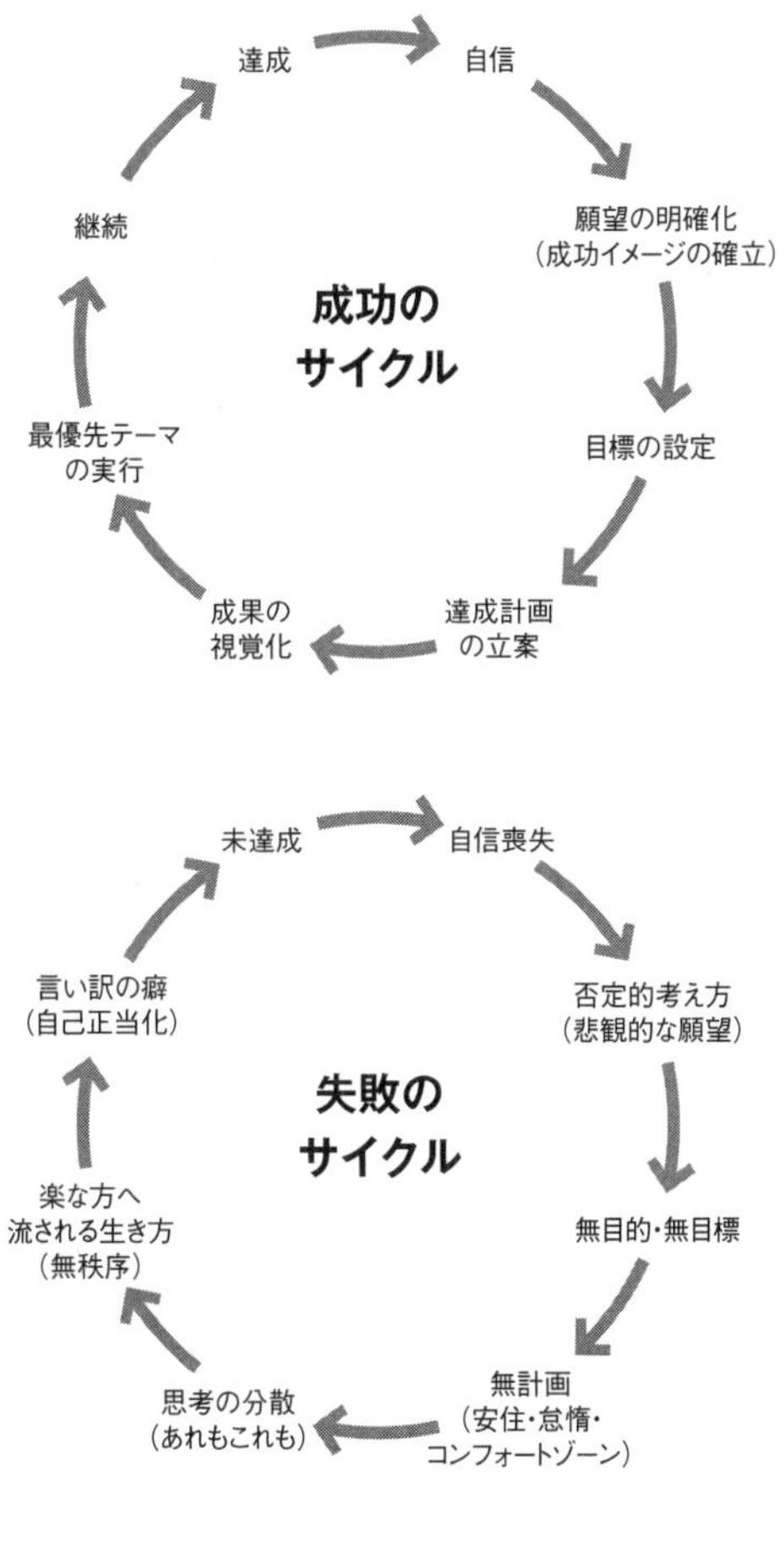

©Copyright 2023 Achievement Corp., All rights reserved.

はありません。それでも幸せな人生を送れているのは、自分の真の価値に気づいたからです。

では、どうしたら自己概念が高まるのか？　自分に価値があると思えるのか？

大切なものを大切にすることです。目的に紐付けられた目標を達成することです。価値観に沿った行動ができていると実感するとき、自己概念が高まり、成功のサイクルに入れます。

ここでもう1名、受講生の例をご紹介しましょう。

実践例 2
株式会社ボーテ　CEO　柏野紗耶加さん

歯科衛生士1年目で人間関係もうまくいかず、家庭面では父の借金を背負うという状態で不幸な気持ち、自分に自信がない状態でした。

女性として自信をもって輝きたい。経済的に豊かになりたい。歯科衛生士として歯科医院を開業したいという夢がありました。

ただ、両親に対して許せない心がありましたし、達成経験もないので、自己肯定感が低く、自分には価値がない、何も強みがない、生い立ちが悪い、親が悪い、自信がない、こんなにがんばっているのに周りはわかってくれない……。つねに他責で生きていました。

人生理念を「愛、感謝、成長」と定めて、「大切な人を大切にする、歯科衛生士の見通しになる」というビジョンを掲げました。

そして、達成経験を積むために、成果が数字で評価される組織に転職しました。自己肯定感を高めるために、毎日30分自転車に乗って、通学時間にアファメーションをおこないながら、自分にとってマイナスなことが起きたら、「この出来事はどんな意味があるのか」「恩師ならどう捉えるのか」「乗り越えた先に出会える自分」

の3つを意識しました。
毎日「グッド&モア」（グッド＝理念を体現したことやよかったこと、モア＝今日一日を戻れるとしたら何を実行するか）を振り返りました。

また、感情ではなく思考と願望に焦点を当てて、「ほんとうは両親とどんな関係を築いていきたいのか？」を考え、毎週メールをして、毎月食事に行き、「親は親であるだけでいい」をモットーに関係構築していきました。

その結果、目標としていた28歳で歯科医院を開業しました。歯科衛生士として歯科業界で初の達成でした。「できない、足りない」ではなく、「どうしたらできるのか」という思考になって、ピラミッドの一貫性を通すことをイメージできるようになりました。

その結果、協力してくださる方がたくさん集まってくださり、現在会社は10年目、ほぼご紹介でお客様が集まってくださり、成果は創業から8倍になりました。

母親とも年に1回旅行に行ける仲になり、父親とも定期的に食事に行きながら良好な人間関係をつくれています。

柏野さんを見て思うのは、やはり「思考の中に未来がある」ということです。人間は「わたしには価値がある」と思えば価値のある生き方、価値のある行動を選択します。残念ながら、その逆もあり、「わたしには価値がない」と思えば価値のない生き方、価値のない行動を選択します。

「価値がある」「価値がない」はその人の思い込み、解釈なのです。

柏野さんの場合、以前は自己肯定感が低かったのだと思います。受講を通し、自分自身のものの見方、考え方、捉え方、すなわち解釈の質を上げげて、両親がどうであるか、生い立ちがどうであるかではなく、自分がどうなりたいか、本来の自分自身の価値観に合う行動を選択し、実行されてきました。

その結果、成功のサイクルに入り、自己肯定感がどんどん醸成され、ビジネスでも成功し、人間的にも豊かになって、たくさんの人やものを引き寄せてきました。「わたしは価値ある人生を送れている」という実感にこそ求心力の源泉があるのです。

自分を愛する、自分を思いやる、自分を大切にする、自分を誰よりも価値ある存在として認める。柏野さんはこの自己愛（セルフラブ）に気づき、人生を大きく好転させたお一人です。現在はさらに視座が上がり、次々と未来への戦略を練り、その布石を打っています。日本本土のみならず沖縄にも出店、世界にも目を向けています。こうした考え、行動の源泉はすべて「わたしには価値がある」という自己愛なのです。

上質世界を知る

このように実際の例を知ることで「人は誰でもよくなれる」ということを知っていただきたいのです。トレーナーとしてのわたしの信念でもあります。

なぜ同じ人間の人生が不幸感から幸福感に満ち溢れたものに変わるのでしょうか？
どうして研修をきっかけに、求めている結果を手に入れられるのでしょうか？

人間がどうして幸せを感じるのか、不幸と思うのかを学ぶからです。
人生の幸不幸を左右するものは何か？
私たちの行動メカニズムを紐解いていきましょう。

私たちは脳内に「こうしたら満たされる」という記憶の世界をもっています。家族の写真を会社のデスクに飾っている人がいます。大好きなペットをスマホの待ち受け画面にしている人がいます。そうした自分を満たしてくれるものがアルバムのように頭の中に収められているとイメージしてください。

選択理論心理学では、これらを上質世界と呼びます。選択理論心理学の提唱者、故ウイリアム・グラッサー博士は上質世界をこのように定義しています。

私たちがともにいたいと思う人。
私たちがもっとも所有したい、経験したいと思う物。
私たちの行動の多くを支配している考え、信条。
『グラッサー博士の選択理論』(P.82)

だから、人それぞれ上質世界は違います。たとえば、スポーツが好きで週末は毎週スタジアム観戦に行くことが楽しみという人もいれば、図書館で一人静かに本を読むことを好む人もいます。動物が好きな人はペットショップへ行き、キャンプが好きな人は自然豊かなところへ車を走らせるかもしれません。

私たちは上質世界にあるイメージ写真を手に入れようと行動します。その人の上質世界を知ると、相手はどんなことを求めているのか、何を大切にしているのかがわかります。

［ **上質世界** ］

［ **上質世界を書き出すワーク** ］

あなたの上質世界になるものはなんですか？
イメージを絵や言葉で書き出してみましょう。

あなたは何をしているときに幸福感を得ますか？
あなたの上質世界にはどんなイメージがありますか？

選択理論心理学では、脳の外側にあるものはすべて情報として捉えています。仕事が上質世界にある人は、休日もパソコンと向き合っています。反対に休みの日に働くなんて考えられないという人もいます。これはその人の上質世界に何が入っているかで変わります。上質世界によって、私たちの脳の外側のこと（情報）は快適、不快、中立に分かれます。

だから、どんなに目標達成から遠ざかる行動でも上質世界にあるイメージを満たしているのです。

たとえば、あなたが「営業成績トップになる！」という目標を掲げていたとします。
しかし、脳内には「飲み会でみんなと楽しくお酒を飲むのが好き」というイメージ写真があります。

すると、休みの日に仕事に役立つ本を読もうと決めたのに、「今日飲みに行かない？」という急な誘いがきた瞬間にそちらを優先してしまいます。「飲み会の誘い」は単なる情報で、どう行動するかはあなたが選べます。情報が目標達成を妨げるわけではありません。あなたがどう思考し、行動したかで目標の達成度合いが決まってきます。だから、トレーニングが必要なのです。

私たちは情報を得ると必ず上質世界のイメージ写真と比較して、ギャップを埋めるために行動をします。

私たちの大切な価値観はイメージ写真として上質世界を構成しています。だから、飲み会を優先したとしても、それは自分の価値観を大切にしているだけなのです。これが冒頭で述べた、人は最善を尽くしているという意味です。

ただ、営業成績でトップになるという目標からは遠ざかります。だからと言って、飲み会の誘いを断るのは嫌だし、我慢したくないでしょう。

たとえば、仕事でお客様から感謝される。尊敬する上司ができて、その人の期待に応えることでやりがいを感じる。こういったことが起きると、飲み会よりも「営業成績を上げるためにはどうしたらいいか?」に時間を使うようになります。周りから見たら別人のように見えますが、ただ上質世界のイメージ写真が貼り替わっただけなのです。

上質世界とは記憶の世界で固定化されたものではありません。イメージ写真は貼り替わるのです。このメカニズムをしっかりと理解してください。

成功の5つの分野

選択理論心理学では、上質世界を構成するイメージは5つの分野に分かれています。

まずは「健康」です。健康がすべてではありませんが、健康を失うとすべてを失います。目標達成するにしても、まずは健康でなければいけません。

次に「人間関係」です。私たちは一人で生きているわけではありません。何かをしようと思えば、他人との関わりは不可欠です。
3つ目が「職業における卓越」です。高い自尊心、自己重要感とも言えます。4つ目が「経済」です。お金がないと社会生活を営めません。5つ目が「人生を楽しむ趣味・教養」です。

これらを選択理論心理学では、5つの基本的欲求と呼びます。人間は生まれながらに5つの基本的欲求が遺伝子に組み込まれていて、バランスよく満たされた状態が幸せであると定義されています。どれかひとつでも欠けていてはいけないのです。

人の行動には必ず目的があります。この5つの欲求のいずれか、あるいは複数を満たすために、上質世界のイメージに沿った行動をとるのです。お腹が減ったら食べる。眠たくなったら寝る。好きな人と一緒にいる。知覚された世界（情報や経験）と上質世界のギャップを埋めるために行動をするのですが、その行動は欲求を充足するという目的に基づいています。

[5つの基本的欲求]

楽しみの欲求

■ユーモア
笑わせるのが好き、ジョークを言って楽しませたい、場を盛り上げたい

■好奇心
新しいものに興味がある、やったことのないことでもやりたくなる、追求するのが好き、新しいことにチャレンジしたい

■学習・成長
自分のできることをしたい、
知識が増えたり成長や勉強が好き

■独創性
自分で創っていきたい、
自分のアイディアを
形にするのが好き

生存の欲求

■安全・安定
リスクは避けたい、安心した環境にいたい、変化より安定していたい

■健康
寝たい、食べたい、長生きしたい、健康を害することはしたくない、無理しない

■生殖
性的欲求を満たしたい、子どもが欲しい、子孫を残したい

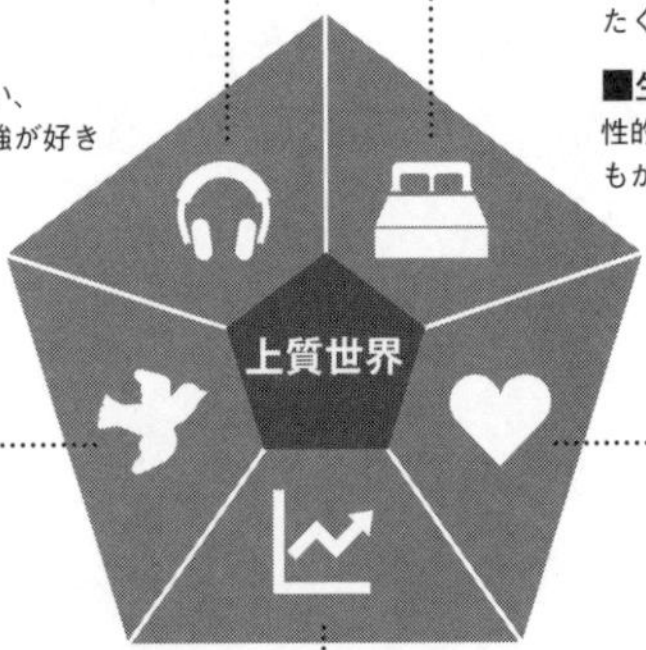

自由の欲求

■解放
束縛されたくない、人にあれこれ言われたくない、自由でいたい

■変化
変化があってほしい、いつも一緒で決まったパターンは好きではない

■自分らしさ
自分のこだわりで決めたい、
自分らしさを追求したい、
譲らない

力の欲求

■達成
成し遂げたい、達成したい、責任を全うしたい、結果を残したい

■承認
認められたい、評価されたい、
賞賛されたい、必要とされたい

■貢献
役に立ちたい、力を貸したい、
貢献したい、価値を創造したい

■競争
勝ちたい、負けたくない、人より
上になりたい、一位になりたい

愛・所属の欲求

■愛
愛し愛されたい、人を大切にしたい、大切に扱われたい、人が好き

■所属
仲間と一緒にいたい、一人ではなく誰かといたい、何かに属したい、集団で何かをやることが好き

©Copyright 2023 Achievement Corp., All rights reserved.

選択理論心理学では、5つの欲求がすべて満たされると幸福を感じると述べましたが、これらを満たす順番があります。

最初は健康です。健康のありがたみは失ったときにはじめてわかります。

4年前に脳出血に罹ったプロスピーカーが先日3日間の研修に参加してくれました。半身不随状態からリハビリをして、足を引きずりながら、まだ流暢には話せないなかで、登壇して、受講生を前に「わたしはこの4年間、学びたくても学べなかった。体重も30キロ以上減りました。それでもプロスピーカーである誇りをもって、またこの場所に戻ることができました。皆さんほんとうに健康を大事にしてください」とメッセージを送ってくれました。とても感動しました。健康がすべてではありませんが、健康を失うとすべてを失います。

次は人間関係です。選択理論心理学では、すべての問題行動の原因は不満足な人間関係にあると述べています。不幸な人のほとんどすべては良好な人間関係をあきらめ、他人を必要としない快楽を選んでしまうのです。ゆえに温かな人間関係を築くことは、すべての欲求充足の基本となるのです。温かい人間関係に満たされていれば、ストレスはほとんどなくなります。

そして、仕事で卓越することで高い自尊心を得られます。貢献できている実感があります。その働きぶりの結果、経済的報酬を得て、できることや自由が広がります。最後に自分のしたいことを好きに楽しんだらいいのです。

多くの人は成功の本質を学んでいないので、楽しみを優先してお金がなくなり、職を失って、一家も離散して、心身の健康を失っていきます。成功した状態とはどういうものか？　本質を追求しないと間違った優先順位を付けてしまうわけです。

1. 健康
2. 人間関係
3. 職業の卓越と高い自尊心
4. 経済
5. 趣味・教養

もちろん、完璧にこの順番で満たせるわけではありません。また、それぞれをこれだけ満たせば十分という絶対的な尺度があるわけでもありません。

しかし、限られた時間でどう自分を満たすかを考えたときに、順番があることを知っておくことで効果的なタイムマネジメントができるでしょう。

生きるとは欲求充足をすることです。この5つの分野をバランスよく満たす領域に目標設定し、上質世界にイメージされた願望を達成することで充実感、幸福感を味わいます。達成することで上質世界が拡張し、次はもっと発展した目標をめざしたくなります。燃え尽きることはありません。

真の目標とは内発的に動機づけられ、自分が価値を感じるものに設定されるものです。達成するたびに幸福感があり、新しい目標にどんどん拡張していきます。そのために成長、学ぶことで能力が開発されていく。すると、もっと大きい目標が達成できるようになって自己実現につながる。幸せになるためのツールとして目標があるのです。

5つの基本的欲求を満たす目標を設定し、達成すると何が起こるのか？　受講生の例をご紹介しましょう。

実践例3　八戸総合歯科・矯正歯科

院長　吉田洋一さん

経営が傾いた父の医院を継承し、寝る間も惜しんで必死で努力していたことで徐々に業績は上がってきていましたが、心はつねに孤独でした。いつかスタッフが大量退職し、業績が大きく下落するかもしれないという恐怖を抱えて過ごしていました。

なぜなら激怒型院長のわたしは、「自分が正しい。自分の言うことを聞け。人は変えられる。部下を変えることが上司の義務だ」という考え方で、ボスマネジメントを信条としていたからです。職場のスタッフは皆、強い恐れを感じており、職場の空気はいつも凍りついていて、イベントや食事会も盛り上がらず、新人スタッフの離職も続いていました。

そしてプライベートでは妻と離婚寸前でした。歯科衛生士として一緒に働く妻に対して、良かれと思い、わたしの責任と思い、つねに叱っていました。家でも職場でもそのような叱る関わりを続けるため、妻はいつも泣いていました。ついに妻は自律神経失調症になり仕事にも行けなくなりました。

内心は孤独感からの解放を求めていました。家庭でも職場でも皆と関係よく過ごしたい。サッカーのなでしこジャパンのように、一人ひとりの能力以上にチームとして機能し、お互いの短所を補い合い、長所を伸ばし合う組織。10年以上勤めているベテラン、中堅、新人と3層にスタッフが分かれて、親子のような年齢の方々が同じ目標に向かって協力し、見通しとなる先輩がいて、共に助け合い、成果を出せる組織をつくりたいと考えていました。

妻とも結婚当初のようなラブラブな関係に戻り、恵まれるならば子どもを二人もうけて家族団らんの時間に何よりの幸せを感じられ、仕事が終わったらすぐに家に帰りたくなる家庭を築きたいと願っていました。

妻、スタッフに対して　感情的に怒らず、指導できるように、選択理論を基礎から深く学び、他人を変えるボスマネジメントではなく、他人の内発的動機付けをするリードマネジメントを実践している人々のコミュニティに身を置いて体感して身につけていきました。

もちろんすぐにできるようにはならないので、一歩ずつトライ&エラーを繰り返し、研修で学び、現場で実践しを繰り返し、少しずつ少しずつ改善していきました。とにかく継続すること、あきらめないこと、できている人に頼ること、相談すること、真似ることを続けました。

スタッフが働きやすく、やりがいある職場環境づくり、妻が満たされて幸せを感じる家庭環境づくりのために、５つの欲求が職場の中で満たされる仕組みづくりをおこないました。

・職種とは別に食事会やレクリエーションをするチーム制度（生存、愛・所属、楽しみ）
・月1回の上司との面談で承認の場づくり（愛・所属、力）。
・3ヵ月毎に半日～1日時間を確保して全体会議で各部署の発表の機会（愛・所属、力）
・院内表彰制度（力）
・妊娠出産後も働ける産休制度と社内保育施設（生存）など

家庭では妻には成果を求めず、人間関係のみを優先し、妻の望みを叶えるためのマイホームの建設、妻の望みを叶えるための家族旅行の計画実践、妻が苦手な朝は、わたしが毎朝朝食をつくり、ゴミ出し、風呂掃除をする。妻の上質世界である趣味（音楽、旅行、外食）を一緒に共有しました。

結果、驚くほど理想どおり、理想を超えた目標達成になりました。妻との関係は劇的に改善し、家庭では妻の幸せを最優先できる自分になりました。妻と一緒にいられることへの感謝が手に入りました。結果、結婚10年目にして、あきらめていた子宝にも恵まれ長女、長男の二人の子どもを授かりました。家族四人で、幸せな日々を過ごしています。

妻は、仕事を減らし、主婦として趣味の時間も確保し、望みどおりのライフスタイルで過ごせています。妻の幸せが自分の幸せだと思えるようになりました。

職場スタッフの離職は激減しました。新卒の社員が育つようになり、結婚後も生涯、当院で働きたいと志願するスタッフが誕生しました。ご主人を説得して医院の近くにマイホームを建設して、医院運営を自分事として捉えてくれるスタッフが一人また一人と増えて強い組織になりました。結婚、出産を通して、家族を大切にしながら仕事で自己実現するスタッフが次々と誕生しています。勤務医の先生は、当院で自己実現したいと言ってくれて、奥様、ご両親を説得して独立開業をやめ、生涯当院の歯科医師として働くことを決めてくれています。

当院も多くの時間とお金を投資し、その先生の主体性によって能力が伸びた結果、業界トップの業績を出す歯科医に成長してくれました。

当院の業績は、青森県400軒の歯科医院ではナンバーワンになり、全国の6万8000軒の歯科医院のなかでもトップ0・5％に位置することができています。


吉田さんは元来、歯科医師として卓越した技術をもった「ザ・プロフェッショナル」でした。

ただし、専門職と組織者、スペシャリストとマネジメントでは本来、必要とされる能力が違うのです（稀に両方が卓越されている方もいます）。

吉田さんはご自身の人生理念（人生の目的）と医院理念（経営の目的）がまったく同じ「自分と自分に縁ある人々の幸せ」です。吉田さんの医院の仕組みがこの「5つの欲求を満たす」仕組みになっているのです。そこで働いていると自ずと幸せを実感できるのです。

幸せとは「5つの欲求がバランスよく満たされた状態」であることを知り、医院のスタッフ一人ひとりが幸せになれるように、吉田さんは医院を改革しました。離職がない、結婚後も働きたい、これは当然の結果です。経済的報酬のみならず、精神的報酬を得ているスタッフがイキイキと毎日働かれている。理想的な理念浸透組織です。

スタッフ一人ひとりの上質世界を尊重し、スタッフ一人ひとりの欲求充足の手助けをする。それが吉田さんのマネジメントスタイルです。

高業績と良好な人間関係は両立するということを証明してくださいました。その証が全国の6万8000軒の歯科医院でのトップ0・5%なのです。まさに「実績は実在なり」すばらしい経営者のお一人です。

目標にノルマのような強制感を感じる

私たちは5つの基本的欲求を満たすために、上質世界にあるイメージ写真を手に入れようとしている。そして、行動のメカニズムとして、脳に入ってきた情報と経験で形成

切手を貼って
投函ください

郵便はがき

141-0031

東京都品川区西五反田
2−19−2 荒久ビル4F

アチーブメント出版(株)
ご愛読者カード係 行

お名前《なまえ》		
ご住所	(〒 -) 都道府県	
	市区町村	
建物名	号室	ご職業

アンケートにご協力いただいた方の中から抽選で
毎月5名様に500円分の図書カードをプレゼントいたします
＊ご記入いただいた個人情報は賞品の発送以外には使用いたしません

お買上 書店名	書店　　店
ご年齢　　歳	性別　男 ・ 女 ・ 回答しない ・ その他

●本のタイトル

●本のことを何で知りましたか？

□新聞広告（　　　新聞）□メディア（媒体：　　　）
□電車広告（　　　線）□SNS（どなたの：　　　）
□書店で見て　□人にすすめられて
□その他（　　　）

●本書の内容や装丁についてのご意見、ご感想をお書きください

●興味がある、もっと知りたい事柄、分野、人を教えてください

●最近読んで良かったと思われる本があれば教えてください

本のタイトル

著者

ご協力ありがとうございました

される知覚された世界と上質世界を比較しながら、つねにギャップを埋めるために行動します。

これがわかっていると、「この目標を達成すると、どの欲求が満たされるのか？」と考えるようになります。すると「なんのためにこの目標をめざしているのかわからない」ということがなくなります。


ただ、目標はすべて自分で設定できるものだけではありません。組織で働いている人の場合、会社の数字目標が掲げられているでしょう。

仕事も目標達成においては、力の欲求を自分がどう満たしたいかが関係してきます。卓越したいかどうか。そのとき、組織の目標達成が自分にとって価値になるのか。

会社の目標であっても、自分自身のもっている経験、知識、技術を把握したうえで、なぜ組織としてその目標達成をめざしているのか？　上司に裏付けを確認しましょう。

あなたにとってのよい目標とは、努力する価値があると思える。あるいはうまくできそうだ、達成することでその先ももっとよくなりそうだ、成長しそうだと見通しを与えてくれるものです。

会社組織としてどうしてもよい目標ではないと思えるものが掲げられている場合でも、なぜこの目標を依頼されたのか、なぜ自分がやる意味があるのか、その先には何があるのか、どうしたらうまくできるのか。意味付け、意義付けは自分でできます。

会社に目標の根拠を確認しながら、自分なりの分析が必要です。それが単純なノルマであったとしても、上司とすり合わせて、目標の価値について、背景理解を深めて、自分にとってよい目標かどうか検討することはとても大事です。

ただ、いきなり深い話に切り込むと口答えしているような印象を与えてしまうかもしれないので、常日頃から相手との関係性を築いておく、相手がどんな価値観で仕事をしているのかを理解する努力は必要です。

単純なノルマと捉えるのか、自分の担う役割と果たす責任と捉えるのか、単純に押し付けられているものと捉えるのかは自分でコントロールできます。

判断と決断

では、具体的にどう問題を解決して、理想に近づけていけるかをお話しします。

まず、問題に直面するとは判断に迷うということです。「こうすればいい」という正解が見えていたら、迷いなくスッキリ進めるわけですが、「どうしたらいいかわからない」からフラストレーションを感じます。

でも、試してみないと何が正解かはわかりません。「迷っているくらいならやってみたらいい」と割り切れるなら話が早いのですが、なかなか前へ進むことができないのが人間です。

選択理論心理学では、不快感情も選択していると述べています。

○落ち込みを選択する理由

・怒りを抑えるため
・援助をもらいたいため
・逃避するため

（『ビジネス選択理論能力検定3級公式テキスト』P.68）

モヤモヤとした感情は直接コントロールできませんが、不快感情に浸っているままでは問題は解決しません。理想に近づけていくためには、私たちにコントロールできること、つまり、思考と行動に集中して、快適感情を得られるように効果的な行動をしていくしかありません。

○落ち込んだときの対処法

・見方を変える
・自分の求めているものを変える
・自分のしていることを変える

（『ビジネス選択理論能力検定3級公式テキスト』P.80）

つまり、問題に焦点が当たると原因追及になって解決策に目が向きません。問題をどう捉えて、どう自分が前へ進めるかに焦点が当たると解決の糸口が見えてきます。判断と決断は違うということを理解してください。

判断とは、ある原理原則に基づき、物事を正しく認識する能力のことです。主観は絶対視しません。本質的、長期的、客観的、複眼的な視点で物事を捉えるので再現性があります。

決断とは、自分の判断と責任で物事を選ぶことです。ここは完全に主観です。だから、決断はあとでいいのです。まずは主観を絶対視せず、本質的、長期的、客観的、複眼的な視点に立って、問題を解決するためにはどうすればいいかを考えます。問題の本質は何か？　今自分が考えている解決策は、長期的に見ても客観的に見ても最適解であると言えるか？

判断の軸が明確になったら、主観でどうするかを決断します。

判断と決断はセットなのです。迷ったり、悩んでいるときに、自分は判断をしようとしているのか、決断をしようとしているのか、分ける必要があります。判断基準が曖昧だから決断できないのです。迷うのです。実行力不全に陥ります。

どうしても自分一人で悩むと判断にも主観が入りがちです。迷ったときには他人の知覚も借りながら、解決策を点検してみましょう。

たとえば、自分のことをよく理解してくれていて、尊敬できて、自分の価値観に近い人に状況を説明してみる。すると、自分自身が正しく問題点を捉えているか、解決策は本質的、長期的、客観的、複眼的に見て適正かチェックしてもらえます。

だから、問題の解決策を議論するときに、判断の話なのか、決断の話なのかを分けないと着地点が見えなくなります。もし、あなたが他人から相談を受けたとき、できることは相手の判断基準を明確にするための関わりだけです。よく「こうしたらいい」と解決策そのものを提示したり、「とにかくどちらかに決めてやってみなさい」と決断を促しがちですが、それでは話が進みません。判断基準が明確になれば、相手は自然と決断できます。悩みとは、何を判断の基準にしているのか、本人もわかっていないことが多いのです。

では、どうしたら判断軸が明確になるのか？　ピラミッドの土台をつくりましょう。人生理念に合うものはイエス、合わないものはノーです。

ひとたび決断したら実行するだけです。

受講生の方々は皆、判断基準が明確になったことで、決断（行動）が変わりました。結果、理想の姿を手に入れることができました。判断がどのように変化したのか、もう1名の事例をご紹介します。

実践例 4

株式会社H&H

代表取締役　池畑健太さん

会社を創業して3年が経ちましたが、社員は7名、離職率が70%を超え、入っては辞め、入っては辞めの繰り返しで、自分が現場に立ち続けないと回らない状態でした。土日関係なく朝早くから夜遅くまで働かざるを得ない状況であり、小さな子どもを二人抱えた妻とは不仲になり、争いの絶えない家庭状況でした。その不幸感から暴飲暴食に走り、身長171センチメートルで体重が80キログラム近くあり、心身ともに不健康でした。

離職を減らし、自分が現場に立たなくても社員が成長する環境をつくりたい。社員一人ひとりが主体性を発揮し、目の前にいる障害をお持ちの方々を専門的にケアできる集団として成長し続ける組織をつくることが目標でした。

また、心身ともに健康で妻からも子どもからも尊敬される夫、父親になりたいと思っていました。家族が仲よく、好きなことを好きなときに好きなだけできる人生を送りたいというのが願望でした。

このように理想とすることが多く、実際は何から手をつけてよいかわかりませんでした。とにかく時間がない。理想をどう叶えたらいいのかアイデアもないという状態でした。

研修でタイムマネジメントを学び、第二象限の時間を確保するようにしました（次章で詳述）。

また、似たような課題をもっていた先輩受講生にどのように克服したか、どんなことから取り組んだかを聞いて、真似ていきました。

すぐに怠けたくなるので、定期的に研修を再受講して、よいと思ったことを疑わずに実行し続けました。

自分が正しい。相手が間違っている。社員の成果が出ないのは自分の言うとおりにできない、しないからだ。誰でも努力すれば成果を出せるのに、仕事ができないのは本人が怠惰でやる気がないだけだ。

家庭生活では女性が男性を支えることは当たり前だ。

このような価値観をもっていました。ただ、自分も正しい。相手も正しい。価値観は人それぞれであり、誰も否定することはできないと継続学習しながら腑に落ちていきました。「相手がわからないではなく、自分に魅力がない、伝え方が悪い。ならば、どうしたらいいか?」と、自分にできることに焦点を合わせて、社員に対する関わりを改善していきました。

人はつねに最善を尽くしているので、家庭においてはできる人ができるときにできることをする。つまり、正しさより楽しさを優先して、妥協できるようになりました。

社員、家族とのコミュニケーションに時間を費やすようになりました。第三象限、第四象限の時間を一切なくして、社員教育、研修の再受講、読書、健康のために早朝ランニングをするようになりました。

その結果、受講時に掲げていた目標はすべて手に入れることができました。自分がいなくても会社は毎年150%アップで成長しています。

まったく想像していなかった新卒採用を始めて、雑誌や新聞に会社が取り上げられて、海外からも視察が訪れるようになりました。

心身ともに健康で、トライアスロンの日本選手権にも出場しました。家族関係も仲よく、充実した人生を過ごせています。

池畑さんの最大の強みは原理原則に忠実に生きていることです。初代ドイツ帝国宰相のビスマルクは「愚者は経験から学び、賢者は歴史から学ぶ」と言いました。何かを判断するときに自分の経験のみに頼らず、他者の経験に学ぶことでよりよい判断ができるという意味です。

池畑さんの判断基準はつねに「自分の正しさ、思い込み、主観」ではなく、「原理原則」なのです。たとえば、5つの基本的欲求それぞれで原理原則を考えてみると次のようなものが挙げられます。

①健康の原理原則→節制
②人間関係の原理原則→外的コントロールを使わない
③職業の卓越と高い自尊心の原理原則→仕事の質と量と密度で誰よりも勝つ（最善を尽くす）
④一切の経済的不安からの解放の原理原則→蓄財（能力開発）
⑤人生を楽しく生きる原理原則→肯定的な考え方をする

これ以外にも答えはあるでしょうが、どれも言うは易く行うは難しです。しかし、池畑さんは見事なまでに素直に原理原則に基づき判断し、決断し、実行なされています。一点の曇りもないレベルです。「集合知」という言葉があります。集合知とは多くの人の知識が蓄積したもの、また、その知識を分析したり体系化したりして、活用できる形にまとめたもの。この「集合知」を活用すれば、自分一人で考えるより、ずっと早くよい成果を得ることができます。自分のやり方を通したいのか？　それとも成功したいのか？　ここでも素直さが成否を分けるポイントなのです。池畑さんの強みはこの「素直さ」「成果からの逆算思考」だと思います。

機会費用

何かを選択することは、それ以外の選択肢を捨てることでもあります。たとえば、わたしがいまも前職のプルデンシャル生命保険株式会社に在籍したままなら、28年目になっています。同期でも支社長やエグゼクティブライフプランナーに出世しています。わたしもセールスを極めていたかマネジメントをすることになっていたでしょう。しかし、２００２年2月、アチーブメントに転職しました。戦略的に人生を設計するということは、学校でもどこでも教えていない。これからの時代に必要とされる、自分が人生を懸けて広めるべき価値のあるものだと思ったからです。

アントレプレナー、フルコミッションセールスだったので、サラリーマンになったことで年収は下がりました。仕方のないことです。収入はシステムの違いです。子どもも小さかったこともあり、経済的に安定してきたのは、アチーブメントに入社してからしばらく経ってからのことです。

もしプルデンシャル生命に残っていた以上の「豊かさ」を得られていると実感できないと、転職という選択が間違っていることになります。わたしは何かを選び取ったときに、機会費用というものをいつも意識しています。

機会費用とは、時間の使用、消費の有益性、効率性にまつわる経済学上の概念で、ある選択肢を選ぶことによって犠牲となる価値のことです。機会費用を意識することで、選ばなかった選択肢の最大の価値と比較したときに、それ以上の価値を生み出そうとがんばれます。選択を後悔しないための考え方です。

保険のお客様には「保険に入るのは単なるスタートでほんとうにお役に立てるのは20

年後、30年後です。わたしは辞めないので一生お守りします」と伝えて、たくさんの方々にご契約していただいたわけです。また、公益社団法人日本青年会議所でも5年間活動し、最後は千葉県のブロック委員長というお役目をいただいたのにもかかわらず、アチーブメントに入社し、活動がままならず、役割を果たせずに多くの方々に迷惑をかけました。

このように、たった一人の転職でおそらく1000名近くの方々に迷惑をかけました。後ろの扉を閉めるどころか燃やしてしまったので、アチーブメントで成功する以外の選択肢はありませんでした。

いまアチーブメントは、わたしが入社したころから社員数が10倍に増えて、日本経済団体連合会（経団連）に入り、『働きがいのある会社ランキング』でも8年連続ベストカンパニーに選出されています。

会社の発展とともにわたしの人生も豊かになりました。トレーニング会社なのでトレーナーの質が事業の生命線です。青木仁志社長の開発したメソッドをどう継承していくかが会社にとっての課題でした。わたしは内弟子、愛弟子として厳しい訓練を経て、コンサルタントからマネジャー、そしてトレーナーになり、その役割を担ってきました。現在は後進のトレーナー育成やプロスピーカー育成にも尽力し、機会費用以上の価値を感じられる毎日を過ごしています。

自分自身の選択を自分が正解にする生き方を実践することです。

第3章

時間とお金を倍にする方法

命＝時間＝お金＝価値

達成の機会はいくらでもある

「今日決めたことさえも実行できない」
「いつも三日坊主で終わってしまう」
「つい楽なほうに流されてしまう」

目標が達成できないとき、意志が弱い、継続力がない、時間がない、お金がない……、私たちはさまざまな未達の原因を挙げます。つい何かが足りないと思いがちですが、人間は最大で一日に3万5000回の決断をしています。このすべてが目標達成に効果的なものだったらどうなるでしょう？　達成のチャンスは無限にあるのです。

目標達成の秘訣は資源を集中させることです。分散というのは、コントロールできないことをコントロールしようとすることです。そこに必要のない時間やお金を投じると目標は達成できなくなります。ですから、優先順位を付けて、何に資源を投じるのかを決めます。要は配分なのです。

ただ、優先順位を決めるというのはなかなか難しいことです。たとえば、休日にやり残した仕事をするのか、家族との時間をつくるのか。健康管理のためにジムへ通うのか、仕事のための専門書を読むのか。どちらが重要か瞬時に判断できないことがたくさんあるでしょう。

私たちは「どちらが大事か」よりも「どちらが要らないか」のほうが容易に判断できます。ですから、優先順位の前に劣後順位を付けましょう。これをすることで分散がなくなります。

今日から「しなくてもいいこと」はやめてしまいましょう。今していることはほんとうにしたいことですか？　あなたにとって重要なことですか？　もし、なんとなくしていることだったら、要らないことです。あなたが大事だと思うことに時間を使ってください。

人はついつい、その場の感情や気分に流されて、目標達成から遠ざかった行動をしてしまうものです。計画を立てないと「あれをしたい」「これをしたい」を優先して、あっという間に時間、お金がなくなっていきます。

だから、あなたがしなくてもいいことに線を引いてしまうのです。多くの人は「時間がない」「お金がない」と言いますが、劣後順位をつけたら、目標達成にかけられる時間もお金もエネルギーも倍になります。

まずは捨てる練習です。要らないものを削いで残ったものの中で優先順位を付けるから整理された行動を取れます。私自身、目標をずっと達成し続けられたのは、しないことを決めたからです。

劣後順位を付けるとは、いつでもストイックに勉強しなさい、仕事をしなさいと言っているわけではありません。5つの基本的欲求が満たされたときに、人間は幸福感を感じるので、バランスよく満たせるような1日の行動計画を立ててください。

たとえば、「好きな映画を見る」と「仕事のための勉強をする」を比較したときに、勉強のほうが重要だとわかっていても、好きな映画を見ることもリラックスするために自分には必要ということもあるでしょう。両方を満たすためにはどうすればいいかを考えるのです。

受講生の事例を見て、それぞれ抱えている課題は違うものの、皆、求めているもの（願望）を明確にし、逆算して行動計画を立て、日々実行した結果、求めている以上の理想の状態になっていったことがわかるでしょう。

私たちが行動をする目的はすべて欲求充足です。仕事よりも飲みに行くことが好きな人は、力の欲求よりも楽しみの欲求のほうが強いので、楽しめることに行動を紐付けていきます。

何に時間とお金を使っているかを見れば、自分の上質世界が見えるのです。そして、そこから大切な価値観が生まれているのです。

目標達成という言葉だけが独り歩きして、苦しみを乗り越えて手に入れる、ストイックに卓越をめざすというイメージになってしまいがちですが、自分が理想とする姿になることなのです。

もっともっとシンプルに考えて行動すればいいのです。私たちの身の回りは、集中力を散漫にさせるもので溢れています。その代表例がネットやSNSです。だからこそ、意図的に環境を整えることが大切です。

集中力というものは努力して高めるものではなく、目標達成しやすい環境を整えれば、発揮されます。集中力を高める（努力）のではなく、集中力を高める環境を整える（正しい選択）。努力よりも正しい選択を優先しましょう。

メリットをTで考える

劣後順位を簡単に判断する方法があります。

たとえば、明日の研修準備をしようとしたときに、飲み会の誘いがきたとします。自分にとっては両方ともメリットがあります。仕事をすることと、気の合う仲間とお酒を酌み交わすこと。どちらも上質世界を満たします。

判断に迷ったときにはTの字を書いてみましょう。左側には研修準備をすることのメリット、右側にはお酒を飲みに行くことのメリットを書き出します。見える化することで、自分が今成し遂げたいこと、目標達成に対して役立つ行動はどちらなのかを俯瞰して判断できます。

書き出してみてはじめてわかることがあります。

たとえば、プレゼンテーション研修でも人前で話すことが苦手かどうか質問すると、会場の約8割の人が手を挙げます。しかし、3日間の研修を終えるころには、皆さんプレゼンテーションに自信をもって笑顔で帰られます。研修のなかでアウトプットしてみてはじめて自分が思っているよりもできると実感するからです。人前で話すことが苦手ではなく、苦手意識をもっていただけだったと気づくのです。

このように私たちは思い込みや好き嫌いに左右されてつい行動を選択してしまいます。その行動が良い悪いではなく、どちらにもメリットはあるのです。ただ、仕事よりも飲み会を優先した結果、翌日「あぁ、またやってしまった……」と後悔してしまうことはあると思います。

そうならないためにも、ノートの片隅にTの字を書いてメリットを比べることで、行動の自己評価がしやすくなるのです。思考が整理され、自分がほんとうに選びたいのはどちらか、目的・目標達成に効果的なこと、役立つことはどちらかがわかります。

誰でも簡単に選択の質を高めることができる方法です。朝寝坊するメリット、朝早くから仕事を始めるメリット、どちらもたくさんあります。スマホをいじるメリット、仕事に関係する本を読むメリット、どちらもたくさんあります。

だから、両方のメリットを書き出してみて、考えを整理してみる。デメリットではなく、メリットであることがポイントです。

両方の行動から得られるものがあります。どちらが自分の大切な価値観に紐付いているか、目標達成に役立つかを自己評価してください。


目標達成トレーニングとは、「こうなりたい」という思考と「こうする」という行動を日々一致させて、人生理念から一貫性をもった習慣を形成していくことです。

Tの字を使って「目標達成に役立つか？　効果的か？」という軸に照らし合わせることで「時間を無駄にしちゃったな」「ああしておけばよかった」ということがなくなります。選択の質が高まります。


では、早速始めてみましょう。目標達成をすること、あきらめることのメリットを書き出してみてください。どちらもメリットがあります。そのうえであなたはどちらを選

[Tの字で劣後順位を知る]

目標達成することのメリット	あきらめることのメリット

びますか？

目的や目標がない人のほうが多いわけですから、瞬間瞬間の行動はほとんど無意識的に好き嫌い、喜し悪しといったもので判断されています。これを意識的に変えるのは容易ではありません。

自転車もこぎ始めがいちばん力を要します。しかし、ペダルが回り始めたら、それほど力を込めて踏み込まなくても前へ進んでいきます。

目標達成も同じです。その場その場で達成に効果的な行動をとって小さな成功を積み重ねることで、習慣となっていきます。長期的な目標にもいち早く到達できます。初動をよくするためにもTの字でメリットを書き出すことは効果的です。

第1章で人生理念の大切さを述べてきましたが、正直、研修のような場ではトレーナーにナビゲートしてもらいながら内省し、熟考できるものの、この本1冊を手に一人で考えていてはなかなかしっくりする言葉が見つからなかったり、設定したもののすぐに忘れてしまったり、振り返ってじつはそこまで大事な価値観ではなかったことに気づくということになりがちです。

そういう人は、行動に迷ったとき、まずはTの字を書いてみて、どちらをしたいのか、どちらが自分の価値観を大切にするものなのか、価値ある人生に紐付きそうか、気軽に始めてみてもらいたいと思っています。

タイムマネジメント

豊かな人にも貧しい人にも、時間は公平に同じ速さで与えられます。その時間軸のなかであなたは誰と会うのか、何をするのかを選択しています。付き合う人、仕事、職場、食べるもの、使うサービス、すべてがあなたの価値観の表れです。お金と時間の使い方を書き出すというのは、あなたが何を大事にしているのかを把握するいちばん簡単な方法です。

人生は命という限られた時間軸のなかで存在します。つまり、時間は命であり、命をどう使うかで起こる出来事が変わります。

豊かになりたければ、命である時間を何に使うのかを考えなければなりません。命＝時間＝お金＝価値です。

時間が自分の命であると考えたら、どんな1ヵ月、1週間、1日を過ごしますか？

アチーブメントに入社したかつてのわたしはある一定の期間自己犠牲的な働き方をしていました。プルデンシャル生命時代のお客様へのフォロー、青年会議所でやり残してきたことのフォロー、アチーブメントの高い入社基準。さまざまなものがのしかかってきて、入社して半年間は始発で出社して終電で帰宅していました。

当時、「マネジャーはメンバーの誰よりも早く出社して、誰よりも遅く帰る」というのが会社の文化でした。まだ社員が中途入社だけで20名の時代です。心身がもたず会社の近くにマンションを借りて、36歳で人生初の一人暮らしを始めました（当時はそうすることが最善でした）。

いまでは大好きになった映画やスポーツ観戦のような趣味もなく、苦痛ではないが、楽しみがあったわけでもない。暴飲暴食という間違った欲求充足、直面したくない状況を避けるために安易な快楽を選んでしまいました。その結果、1年で14キログラムも太ってしまったのです。

当時は月に7日間の休みで、固定の休みは日曜日だけでした。土曜日の夜に家族のもとに帰り、日曜日の夜にはまた単身赴任のマンションに戻る生活でした。

妻もまだ若く、パートナーとして仕事一辺倒で家庭を顧みない自分ではなくてもいいのではないかと、離婚が頭をよぎることもありました。

自分を支えていたのは、青木社長が自分を選んでくれた期待を絶対に裏切れない、自分が青木社長を選んだ以上は絶対に裏切らない、迷惑をかけた1000人を絶対に裏切れないという思いだけでした。

ただ、自己犠牲の前に自己愛があります。それは自分を愛する、自分を思いやる、自分を大切にする、自分を誰よりも価値ある存在として認めることです。

成功は自分から始まり、他の人々への具体的な貢献で完成する。完結する。だから、誰かのために与える、貢献するとなったときには、しっかり自分を磨く、高める、満たすことが大事である。これはわかっていました。わかっていながら、なかなか実践できませんでした。

あるとき、新入社員が「アチーブメントは大高トレーナーのような働き方をしないと出世できないんですね」と言っていたと耳にしました。それを聞いて、自分がまったく若い社員の見通しになっていないと反省し、すぐに家族のもとへ帰ろうと決断しました。

それから15年が経ちました。本書でもご紹介した吉田洋一さんの会社の研修を10年間、担当させていただき、そのお祝い（お礼）として、サプライズで家族がビデオメッセージをしてくれました。妻、娘二人、共通のメッセージはわたしに対して「とてもやさしい、いつもやさしい」ということでした。涙が止まりませんでした。家では、妻であろうと娘であろうと一人の人間として尊重し、一切の批判のない関わり合いを心がけています。

30周年の真珠婚式では、妻から「よくもちましたね。こうなったら最後までお付き合いしますよ」という言葉を聞きました。娘たちも成人し、将来結婚をして孫が遊びに来たら「いまのリビングでは狭いね。広くしたいね」と、妻の要望であるリビングとベランダも一緒に広くするための増築と外壁修繕もおこないました。

人生とは生まれてから死ぬまでの時間の総和です。時間は命であることがわかると、この貴重な有限の資源をどう活かすのが、自分の人生にとっていちばんよいかを考えるようになります。

タイムマネジメントとは、現在のお金や時間の使い方を決めることで、未来に起こる出来事を管理することです。

では、どのように現在のお金や時間の使い方を決めたらいいのでしょうか?

すでに述べたとおり、幸せとは5つの基本的欲求が満たされた状態です。これらの欲求がいかにバランスよく満たせるかを考えてお金と時間の使い方を考えるのです。

たとえば、わたしは月曜日から土曜日は生存と力の欲求を満たしています。生存は睡眠時間の確保で、力は職業の卓越です。

日曜日はそれ以外の愛・所属、自由、楽しみを満たします。朝は実家で母親と朝食をとります。昼食と夕食は自宅で妻と娘たちと食べています。その合間にラグビー2試合、映画3本を見る日もあります。そして、満たされて月曜日の朝を迎えます。

40代、50代となるにつれ、5つの基本的欲求をバランスよく満たす生き方がどんどんできるようになっています。

出来事を管理すれば、誰でも成功できる。求めるものを得られるのです。

成功や幸せは誰かの意図で与えられるものではなく、自分が実感できているかどうかです。５つの基本的欲求を満たす出来事管理をしてみてください。

問題に追われるのではなく課題を追う

タイムマネジメントとは未来に起こる出来事管理だとわかった。休日は月曜日からの仕事の準備や家族のために時間を使おうと計画を立てた。しかし、突然ゴルフの誘いがきて行きたくなってしまった。このようなことが、日常生活では当たり前のように起こります。このときに心の中ではさまざまな声がします。

「やるべきことができてないな……。でも、ゴルフに行けば新しい人との出会いもあるだろうし……。早めに切り上げて帰ってからすればいいか。でもお酒をたくさん飲む人と一緒だから、きっとゴルフのあと飲みに行こうとなって長くなるだろうな……」

葛藤が起こります。

このときは重要度と緊急度で考えたときに、今しようとしていることが、どこの象限に入っているかを考えます。人脈が広がるというのであれば第二象限でしょうし、お付き合いの要素が強いのであれば第三象限かもしれません。

あるいは、無駄だとわかっていても、ついつい楽しみの欲求を優先して参加したくなるかもしれません。その場合には、早めに切り上げる。翌日リカバリーするなど出来事管理ができていれば問題はありません。完全完璧はありません。最善を尽くし、改善を重ねていけばよいのです。

第二象限に入るものは予防です。たとえば、病気にならないように健康管理をする(予防)。トラブルが起きる前に弁護士に早めに相談する。目先の成果ではなく、人を育成する。仕事だけではなく、家族との時間をもつ。たくさんのことがあります。第二象限を疎かにすると、緊急の問題が発生して第一象限に追われることになります。

重要なことを疎かにせず、重要なこととしてきちんと優先してください。第二象限はよほど意識をしないと拡張しません。なぜなら、緊急度が低いからです。つい後回しにしてしまいます。

［ 重要度と緊急度 ］

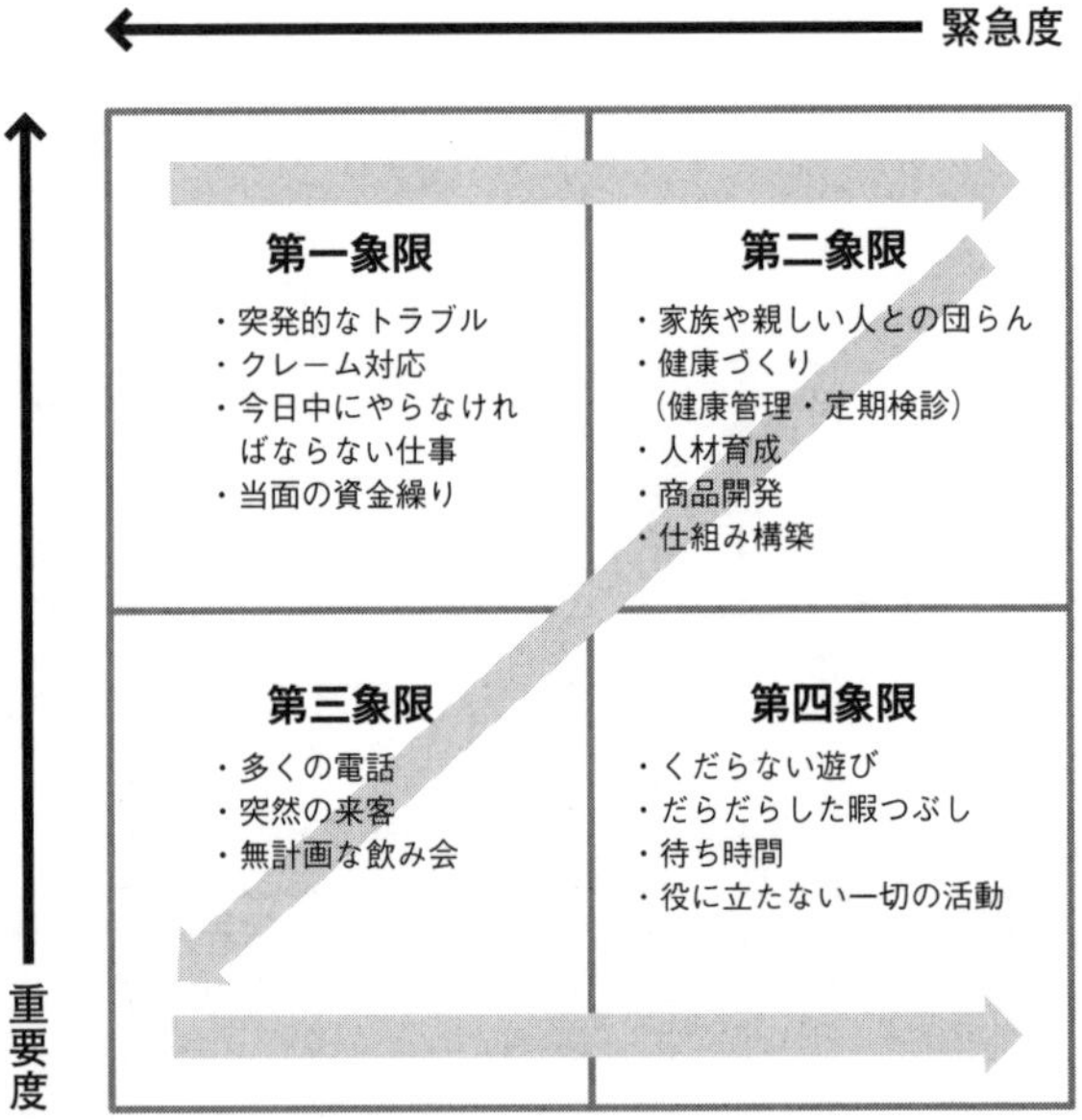

©Copyright 2023 Achievement Corp., All rights reserved.

問題に追われるのは第一象限、課題を追うのは第二象限です。問題解決は、本来あるべき姿と現状のギャップを埋めることです。マイナスをゼロに戻すことです。課題解決はありたい姿と現状のギャップを埋めることです。ゼロをプラスにしていくことです。

今、自分がしようとしていることが、問題解決なのか課題解決なのか。これを意識しないで行動を決めていると、いつまで経っても問題に追われることになります。

第二象限にあるものは、長期的に見たときに必要なものなので、即効性はありません。なかなか手をつけにくい印象があるかもしれません。

だからこそ、ありたい姿をイメージすることが大事です。求めるものに対して、いまもっているものもあれば、これからもたなければならないものもあります。

人生のビジョンを想像したときに、あなたは今、何をもっていますか？　これから何をもたなければなりませんか？　第二象限になかなか着手できないときは、なりたい姿をありありと思い浮かべてみてください。

［ 問題解決と課題解決の違い ］

問題解決	課題解決
本来あるべき姿	将来のあるべき姿
MUST	WANT（ありたい姿）
過去	未来
第一象限	第二象限
追われている	追っている
発生型	設定型
現状回復、現状復帰	再発防止、チャレンジ
誰の目から見ても明らかにわかる問題	あるべき姿に照らしてはじめてわかる問題
ギャップアプローチ	ポジティブアプローチ
不具合、原因追及	未来創造、仮説検証
対策、事後対応のための策を講じる	方策、事前に計画してあらかじめ策を講じる

セルフコントロール

ここまで目標に資源を投じるための観点について話をしてきました。ここまで述べてきたことはすべて心身健康で、思考がクリアな状態であることをベースにしています。

ベストコンディションであればこそよい選択ができます。だからこそ、生存の欲求から自分を満たすのです。セルフコントロールできないと失敗のサイクル（55ページ）に入りやすくなってしまいます。

自制と言うと難しいイメージがありますが、健康でいるために、何を食べるのか、どんな運動習慣をもつのか、どのくらい睡眠を取るのか。すべて自分で管理できるものですから、セルフコントロールは難しくありません。

不健康だと集中できず、思考が分散します。だから、つねにセルフコントロールしている状態がスタンダードです。セルフコントロールできていないことのほうが特異なケースです。そうした意識をもって、つねに自分で心身の健康をコントロールしてください。

たとえば、ついついスマートフォンをいじっていて、夜更かししてしまった。そういうことは起こります。人間は完全完璧ではないので、セルフコントロールが標準だとしても、状況によってその場で求めるものは変わってしまいます。

だから、スマホの動画を見ることで求めるものを手に入れられたわけです。それが誰かの欲求を阻害したり、社会的に問題があるとしたら問題ですが、自分が楽しい時間を過ごせたのであれば、最善の行動であったわけです。そういった想定も含めたセルフコントロールです。

ペンシルバニア大学のボルコヴェック氏らの研究によると、心配事の79％は起こらず、残り21％も事前準備をしておけば対処可能だと言います。決して楽天主義にならず、準備は悲観主義、本番は楽観主義でいきましょう。

楽天主義とは誰かがなんとかしてくれるという神頼みの姿勢です。悲観主義で、最悪を考えて準備をする。手はすべて尽くした。あとは自分が楽しむだけだと考えて、最後は楽観主義です。健全に最悪を考え、そのなかで最善を尽くし、最高の毎日を送ることをめざしましょう。

幸福の最大値

劣後順位を付けると、第一象限と第二象限の行動だけが残ります。それが目標を達成するために効果的な行動です。

同時に自分一人でできることには限りがあることもわかります。人から力を借りなければ目標が達成できない現実に気づくわけです。

たとえば、営業成績でトップになりたいと思ったら、有力者を紹介してもらったり、上司の人脈を借りたり、顧客の要望を叶えるために他部署に協力してもらう必要があります。

小さな成功は利己的でもできます。わたしの若いときはとにかく自分の成功しか考えていませんでした。幸福の最大値なんて考えたこともありませんでした。

自分一人の成功は小さな成功です。しかし、幸福の最大化を考えたときに、周りの人みんなに成功してもらいたいと思いました。周りが幸せであればあるほど、自分が幸せになる可能性は高くなります。大きな成功をするために、周りの人を豊かにしようと思ったのです。

脳は社会的報酬を得るとドーパミン（神経伝達物質）が大量に分泌され、快感をおぼえる仕組みをもっているのです。

「誰かの役に立てた！」という社会的報酬による快感は人間がもつ欲求のなかでももっとも強いと言われるほどです。

利己的よりも、利他的な行動のほうが自己肯定感を得ることができるのです。

そこで周りを成功させるために自分が力をつけようという動機が生まれました。なぜなら、人間の幸福度がいちばん高いのは、人の役に立ったと実感できたとき、必要とされ能力が用いられたときだからです。

ですから、真の目標達成の技術を身につけた人は、自分の目標達成と言いながら、自然と他人のために時間を使うようになります。分かち合うことが前提になります。大きな目標を達成するためにお金やエネルギーを投じようとすると、必然的に他人に貢献することに行き着くのです。よく言われる「与えてから与えられる」というのは、成功の原理原則です。

打算ではありません。どうしたら目標達成できるかを突き詰めると、在り方を磨くというところに行き着くのです。

ここで在り方を磨いて求めるものを手に入れた受講生の例をご紹介しましょう。

実践例5

株式会社よくする

代表取締役　鈴木盛登さん

プライベートにおいては、初受講の半年前に次女を9歳で亡くしたことで、娘の早すぎる死に妻、長女、三女と家族全員が失意のなかにいました。不幸感を強く感じており、「家族をなんとか元気にしたい！　でもどうしたらよいのかわからない……」という状態でした。

仕事においても自身の不幸感が重なってしまい、整骨院を3店舗、スタッフ数十名の組織を経営していましたが人間関係が悪化。スタッフが退職の順番待ちとなり、どんどん人が辞めていき、家庭も仕事も真っ暗闇でした。

社員と家族のような関係となり、社員のお子さんも「この会社で働きたい！」と思ってもらえるような会社にしたいと思っていました。

プライベートでは、明るい笑い声が響いていた家庭に戻ることが理想でした。

社内の人間関係が悪いことは100％「社員に問題がある」と思っていましたが、選択理論心理学によって人は自らの願望によって行動する生き物であることを学びました。

受講するなかで、父親の「人を信用するな、何かあったら逃げろ」という教えが潜在意識にかなり強く入っており、なかなか自分も周りも信用できないのだと気づきました。逃げることはよいこと、挑戦はまずしないという性格だったので、自己変革がとても難しかったです。

それでも「過去と他人は変えられない。未来と自分は変えられる」という学びから、社員を変えようとするのではなく、自分を変えて理想の組織、理想の家庭をつくろうと決断しました。

これまで、ただ、目の前のことばかりを考えて行動していたので、恥ずかしながら1ヵ月後の目標、計画もありませんでした。達成感もなく毎日疲れ果てていました。

セルフカウンセリングを続けるなかで「愛、信頼、挑戦」という人生理念ができました。毎朝、神棚に手を合わせるときにこの言葉を口に出しながら、「なんのために、誰のために、なぜ成功しなければならないのか?」を考えて、人生理念から一貫性をもった行動ができるように心がけました。

具体的には「今までガミガミ言ったり、必要以上に怒ったりして申し訳なかった、これから変わるから」と社員に謝罪しました。

社員の誕生日にメッセージとともに花を、社員の家族にも図書カードを贈っています。そんななかで、社内イベントに配偶者やお子さんを連れて来る社員が少しずつ出てきました。

妻にも「次女の闘病の後期、もっと話を聞けばよかった。もっと手伝えばよかった、ごめんなさい」と謝りました。次女の死後、妻が意気消沈していたのは自分のサポートが至らなかったからと反省し、家族の時間も大事にしています。

逃げる習慣を改善するのには4年ほどかかりました。逃げることをやめてから少しずつ自分を信頼し、周りを信頼できるようになりました。

学んで12年目で10店舗、45人のスタッフの組織になりました。会社のイベントで未婚のスタッフも既婚のスタッフの家族と交わり、会社を通じて家族ぐるみの関わりができています。店舗を超えた社員のコミュニケーションが生まれ、会社全体で各々が連絡を取り合う文化がつくられています。

社員の年齢が若いのでまだお子さんも小さいのですが、将来的に社員のお子さんからこの会社で働きたいと思ってもらえるような組織にしたいです。

妻も7年前から研修で学び始め、家庭に笑い声が復活しました。鍼灸師の国家資格に挑戦しており、難病の子どもたちに少しでも貢献したいと勉学に励んでいます。また、鈴木家だけではなく、多くの方々に幸せになれる技術を伝達する側に立つと決めて、プロスピーカーをめざしています。

長女は、将来、親の会社を発展成長に導く存在になりたいと言ってくれています。

三女は長年の夢であるキャビンアテンダントの仕事に就くために、オーストラリアの大学に留学中、長男はスノーボードの大回転競技でオリンピック選手になる夢を叶えるため、挑戦を続けています。

鈴木さんは在り方が変わり、考え方が変わり、その結果、人生においても、経営においても、戦略、戦術が変わりました。以前は社員に対して「自分は正しい、相手が悪い」という在り方だったのかもしれません。

鈴木さんは柔道とレスリングの経験者で根っからの体育会系です。努力と根性論者でした。自分はできなかったが、努力してできるようになった。だから、努力すれば誰だってできる。できないのは努力が足りないからだという在り方です。プロフェッショナル、卓越した知識や技術を身につけている人にありがちなケースです。自分ができるので、できない人の気持ちがなかなか理解できない。

夫として、親として、経営者として、「どう生きるか?」より「どう在りたいか?」を考え、「メンバーも最善なんだ。自分の育成や関わりの内実に課題があるのだ」という在り方に変わった瞬間、社員に対しても家族に対しても接し方が変わりました。「やり方」ではなく「在り方」がすべての起点であると深く教えてくれる方です。

鈴木さんがご家族、社員、患者様、多くの方々から必要とされ、用いられ、故に幸せを実感できる毎日を過ごされているのは言うまでもありません。お子さんがそれぞれ大きな夢に向かって効果的な選択ができているのも間違いなく鈴木さんの「在り方」が起点となっているのだと思います。

また、先日も長年、手塩に育てた元幹部が独立をされましたが、その功労と未来を鑑みてそれを了承し、かつ提携関係を終結し、ウィンウィンの関係を築かれているのも鈴木さんの在り方からくる選択と実行だと学びを得ました。

障害となるパラダイム

在り方を磨くトレーニングをするとき、必ず障害となる5つの制限的パラダイム（思考の枠組み）にぶつかります。

まずは過去への執着です。トラウマとも言います。次に現在の無知。３つ目が未来への不安。４つ目は他人への恐怖。最後は自分への不信です。

これらは自分の成長を止めている思考の枠組みです。このなかでコントロールできないのは「過去への執着」と「他人への恐怖」です。変えられないので、はじめからコントロールできないものとして取り除いてしまいます。

５つの制限的パラダイム

①~~過去への執着~~
②現在の無知
③未来への不安
④~~他人への恐怖~~
⑤自分への不信

これから必要な情報や経験を積み上げていけば、現在の無知は解消されます。ビジョンを描いて目標を設定すれば、未来への不安に対処できます。目標を達成していくと自分への不信は克服できます。

つまり、目標を設定し、達成をめざして知識や経験を積み上げていけば、コントロールできるものはクリアになるし、コントロールできることしかコントロールしないということができるようになっていきます。

他人と過去は変えられない。自分と未来は変えられる。

当たり前のことだと思われるかもしれませんが、多くの人はコントロールできない過去や他人に執着し、時間もお金もエネルギーも浪費します。サイドブレーキを掛けたまま、アクセルを踏んでいるようなものです。

大前提は、「コントロールできないことはコントロールしようとしない」です。つまり、脳の外側のことは扱わない。脳の外側のこととは過去や他人です。脳の内側のことは、未来と自分です。脳の内側だけにフォーカスしてください。脳の外側のことには最初から焦点を合わせません。

たとえば、「天災」や「震災」はコントロールできませんが、「減災」はコントロールできますよね？「老化」はコントロールできませんが、「老後の準備」はコントロールできます。

多くの人は、コントロールできないことをコントロールしようとして、結果コントロールできずに悩み、落ち込み、葛藤します。

ストレスを感じているときは、コントロールできないことをコントロールしようとしてしまっています。わかりやすいのは、飲み屋で会社や上司の悪口を言っているサラリーマンです。コントロールできないことに囚われて、そのストレスから時間とお金を浪費して欲求充足をしているのです。

「会社がこうだから」「上司がこうだから」と、不平、不満、不信をもってしまいます。それ自体が分散です。

目標を達成するための思考はシンプルです。どのような環境であろうと、私たちにコントロールできるのは未来と自分だけですから、いまの状況、環境、条件のなかで、自分にできる最善は何か？　コントロールできるものは何か？　それを踏まえてどう行動することがもっとも求めるものを得るために効果的かを考えるのです。

自分が納得できない組織の論理、相手の言動など、生きていればさまざまなストレスに直面します。ただ、コントロールできないものは大前提として外してしまう。最初から未来と自分に集中しましょう。

たとえば、メンバーが育っていない原因をメンバー自身の問題にしたら自分は気楽です。でも、メンバーは育ちません。

もし、自分の育成力が足りないという捉え方に変わったら、関わり合いを深くしていく、アプローチを変えてみるなどコントロールできることになります。

未来のあるべき姿を明確にして、そこに対して、何を考え、どう行動していくのかを考えます。達成とは、他人を変えるのではなく、自分を変革させる選択をしていくことなのです。

思いの種を蒔き、行動を刈り取り、行動の種を蒔き、習慣を刈り取り、習慣の種を蒔いて、成功を刈り取る。

この言葉は、青木社長の40年におよぶ能力開発の研究の集大成です。日々、何を考え、何を選択したのか。その毎日毎日の積み重ねがその人の一生となります。私たちが何を考え、そして、どう行動し、どう習慣形成していくかが成功の秘訣で

[**コントロールできることとできないことの例**]

コントロールできること	コントロールできないこと	立場や場合によっては変えられること（一般的には変えにくいこと）
自分の考え	他人の考え	会社のルール
自分の行動	他人の行動	配属
自分の発言	他人の発言	
	過去に起きたこと	
	景気などの環境	

『ビジネス選択理論能力検定2級・準1級公式テキスト』P27より

す。

自分の求めるものに対して何を考え、どう行動するか。いまできる思考と行為の選択の質を上げて、実行していけば未来は変わります。

他人の言動に惑わされない方法

過去と他人は変えられないと言っても、人は他人の言動に一喜一憂して心が不安定になるものです。たとえば、資料を提出して上司からけんもほろろに「これでは全然ダメだ」と言われてしまったら、落ち込んでしまうと思います。

たとえばあなたは誰彼かまわず家の中に招き入れるのでしょうか？　入れませんよね。

同じように、私たちは目的・目標を遂げるためには何が効果的かは選び取ることができるのです。脳の外側のことはすべてひとつの情報にすぎません。私たちの考え方、行動は私たちが選んだもので変わります。だから、情報の取捨選択の質を高めましょう。

劣後順位を付けて、目的・目標を明確にするということです。多くの人は現象を好き嫌い、良い悪いで判断します。それでは、無目的・無目標・無計画で、思考が分散し、楽なほうへ流されます。

ここでもう一人の事例をご紹介します。

実践例 6 株式会社豆子郎

代表取締役社長 **田原文栄**さん

大きな問題や不満はないものの、なんだかモヤモヤしていました。無目的・無目標だったので、周囲や環境に流されて言われるがまま、されるがままに行動していたなと振り返って実感します。

漠然とやることが成功したり、願いが叶ったり、やりたいことや考えたことができればいいなと心のどこかで思いながらも、何をしたいのかと聞かれても不明確なので答えられず、それならできないのも仕方ないし、このままでいいのかと、何もせずあきらめるというループを回っていました。

そのため、義務感ややらされ感しかなく、気分で取り組み方法が変わるので結果が出ないことが多いだけでなく、やりがいや充実感はまったくと言っていいほどありませんでした。

実行力を高めるために、理想の自分から考えることをしました。心からイキイキとやりがいや充実感をもって行動している自分だったら、今何をするのか、何をする必要があるのか。なりたい自分の未来の姿から今日一日でやることを逆算して手帳に書き出しました。

ただ、やるべきことを定めても無意識を超えた無自覚な思考の癖があり、流されて決めたとおりのことができないことに苦労しました。セルフカウンセリングとアファメーションをしながら、研修を再受講し、アシスタントに入ることで、少しずつ考えていることと行動を一致させることができるようになっていきました。

目的・目標を明確にもち、心からイキイキしてやりがいや充実感をもって行動できるようになりました。また、理想としている自分の姿をつねに考える習慣が身についたので、達成し続けています。

自分と縁ある地域の方（スタッフとお客様）が物心両面で豊かになることで、私たちの家業は発展します。日々の生活に追われ、豊かでないとお菓子は買えませんし、人間関係が豊かでないと贈り物さえできません。

ならば地域のため、家業のため、自分の縁ある方へ伝えるためにとプロスピーカーになりました。社員スタッフも目的をもって目標を達成することができるようになり、組織が成長しました。

田原さんは比較的、不自由のない生い立ちをしています。株式会社豆子郎は1948年（昭和23年）創業の日本を代表する和菓子製造販売会社、その創業者田原美介の孫として溺愛された幼少時代があり、また、凛としたご両親からのすばらしい教育を受け、後継者としての道を歩んでこられました。

不自由なく育った反面、あえて明確な目標をもつこともなく、その価値も知ることなく漠然とした人生を送っておられました。しかし、この情報と出会い、人生に明確な目的や目標、願望をもつことの重要性を知りました。求めるものを明確にし、そこから逆算して効果的な行動を選択するようになりました。

無目的・無目標から、的が定まったことで充実感、達成感、納得感が実感でき、また、時には求めていたものが得られずに次の課題が明確になる。生きがいややりがい、また悔しさ（次なる成長の糧）を味わう世界を手に入れたのです。つねに迷うことなく、会社経営も自分のライフデザインも、自分のなりたい姿から逆算し、課題解決に取り組み、思い描く理想の人生を、真っ直ぐに生きている、効果的な生き方をされている。まさに人も自分も大切にする女性です。

いまは実業家として、社員のみならず、とくに事業継承に苦しむ2代目経営者に対して、この目的に生きる生き方の価値を伝えています。

価値観を明確にする

公開講座のなかでは、過去やルーツを振り返って自分が大切にしている価値観を明確にしていきます。ここで深い考察をすることはできませんが、そういったワークをすることなしに価値観を明確にしていく方法をお伝えしたいと思います。

そもそも価値観とは非常に抽象的なもので、正解もなければ固定されるものでもありません。その時点での最善の人生の答えですから、意識して決めることが大事です。繰り返される思考、願望に後付けで意味を加える作業です。後付けなのですが、人は意味を見出すと、それに則って生きようとします。

人生理念、人生の目的と言うと難しく考えてしまいがちですが、気軽にあなたの価値観から大切にしたいものを言語化しましょう。価値観とは、人生観、職業観、結婚観、死生観といったものです。個人の良い悪い、好き嫌い、価値のあるなしは、それぞれの価値観からきています。価値観が変われば、これらはすべてが変わります。

たとえば、青木社長はかつて成功の中に幸せがある、幸せを包括した成功が真の成功だと教示くださいました。最近は加えて、成功は幸せになるためのプロセスだと教えてくださいました。

私自身の価値観も変化しています。人生理念などと高尚なことを言っているように思われるかもしれませんが、実際には頭ではわかっていても、実践するなかで徐々に醸成され、固まっていったのです。

元々は卓越ありきの貢献がわたしの価値観でした。プロフェッショナルという自我があったので、自分が学び得たことはすべて与えるというスタンスでした。

それが貢献ありきの卓越と順番が変わったのはつい数年前のことです。新型コロナウイルス感染症が蔓延したときに、研修が減って青木社長の公開講座を再受講する機会ができました。そこで「もっと貢献したい。もっと多くの人の役に立ちたい。そのためにはもっと自分を高めていこう」と思うようになったのです。

ですから、私自身もまだまだ学びながら、生き方、在り方を磨いていっているのです。

「卓越ありきの貢献」から、「貢献ありきの卓越」に変化してからは、自分が担当している講座をどんどん育成したトレーナーに担ってもらえるように、関わり方が変わりました。これまでは講座の質を維持するために、メンバーにはなかなか任せられないという思いもあり、自分がつねに先頭に立って登壇していたのです。

自我の壁を破って、世のため、人のため、後進のため、会社のためを考えたときに、自分一人がもつよりも分け与えたほうがいいと完全に腑に落ちたのです。


価値観はひとつに絞らなくてもかまいません。的が少ないと当たる回数も少ないので、好奇心をもって、どんどん肯定的に拡張していってください。

これまで興味がなかったことにも飛び込んでみる。関心のなかった人とコミュニケーションをとってみる。いまの価値観を大事にしつつ、固執することなく、異質に触れることで、「自分の中にこういう価値観もあったんだな」と気づきます。

このとき自分の正しさに固執してしまうと、それ以外はすべて間違いになってしまうので苦しくなってきます。コミュニケーションにおける第1ボタンは「自分と人とは違う」です。

私たちの思考は、生まれてから今日に至るまで取得してきた情報、積み上げてきた経験の集積で構成されています。まったく同じ知識を取得し、経験を積み上げてきた人はいないので、自分と人とは価値観が違います。

それはわかっていても、人は価値観の違う言動に反応してしまったり、相手を裁こうとしてしまうものです。だからこそ、トレーニングが必要です。「そういう考えもありますね」と受け入れる度量がその人の器です。

そのうえで、「目的から考えるとわたしはこう思います」と、つねに目的に焦点を合わせながら、相手が情報として受け取りやすいように決して裁かず、批判せず、違いを認めたうえで考えを伝えます。受け入れるかどうかは相手しだいです。自分のコントロール下に相手はありません。

捉え方は千差万別です。自分の伝える意味どおりに相手が解釈するとは限りません。少しでも相手が違う意味で受け止めていそうなら、「こういう意図だったのです」とその場で伝えましょう。コミュニケーションにおいてはモヤモヤを残さず、すぐに完結させることです。

私たちはどうしても好き嫌い、良い悪いという自分の尺度で判断してしまいがちです。第1ボタンは忘れないでください。自分の捉え方がまだまだ未熟だったと考えて、自分ができることをするしかないのです。解釈とは主観です。何を言っても甘えや依存をしてきたり、理不尽に自分勝手な解釈を押し付けてきたり、さまざまな人がいます。ある人から見たら正しいことかもしれないし、別の人から見たら嫌いであったり、悪いことかもしれません。

自分の価値観を明確にすればするほど、不思議と似た価値観の人が集まってきます。大切にしているものが同じなので、居心地がよく、人間関係のストレスは減っていきます。

自分の価値観を大切にすればするほど、相手と自分の違いを認められて、相手を受け入れることもできます。

さらに自分の価値観を具現化したり、共感できるような商品、サービスに出会います。それを享受することで、ますます自分の人生が充実していきます。

自分が提供する側になっても同じです。価値があるものだから、他人にも勧めようと思えます。そうやって、不思議と自分の大切にしていることを大切にしているお客様が集まってきます。社会人になって35年ですが、不思議と自分の価値観に似た方にお客様になっていただけます。

セールスやマーケティングも営業数値を上げるための手法だと捉えたら、目標に対する動機付けはお金だけになります。まだ商品・サービスを知らない人と価値観を共有し、大切にし合うものだと考えたら、目的に紐付いた行動になります。

第4章

弱い自分を克服する習慣形成

能力開発の本質は花壇づくり

不安や恐れ

人は生涯思考の中に生きます。だからこそ、何が必要で何が不要かを整理しておくと、優先順位が明確になって、時間とお金の使い方が変わり、自分が大切にしたいものを大切にする人生を送れます。

たとえば、わたしは60歳からが人生の本戦、本格的な勝負の時期だと考えています。そうなると、飲みに行く機会はあっても深酒はしません。規則正しい生活で健康管理しなければなりませんし、仕事の質を日々高めていくために研修の準備や読書は欠かせません。

洋服もよく使うものは手前に出して、しばらく使っていないものは捨てるでしょう。思考も同じです。大切にしたいものはつねに意識して、不要なものは捨ててしまいましょう。すると、行動が変わります。

こんな譬《たと》え話があります。

あるところに、川のむこう岸まで渡りたいサソリがいました。でも泳げないので、隣の亀に「君の甲羅に乗せて行ってくれないか?」と頼みました。しかし、亀は「君に刺されたくないから嫌だ」と断りました。すると、サソリは「君を刺したら僕まで溺れて死んでしまう。刺すはずないじゃないか」と言って説得しました。亀はその言葉を信じて、サソリを乗せて川を渡り始めました。すると、半分まできたところでチクッという痛みが亀に走りました。「刺さないと言ったじゃないか!」

亀は激怒しました。

「ごめんね。でも、これがサソリとしての僕の性《さが》なんだ」

サソリは謝りながら、亀と一緒にブクブクと水の中に沈んでいきました。

人間も同じです。頭ではわかっていても、してはいけないことをしてしまう。たとえば、短期的であれば結果が出るから部下をガミガミ怒鳴りつける。自分は変わりたくないから……。そのやり方しか知らないから……。色々な理由があるにせよ、こうしたほうがいいと思いながら、流されてしまうのが人間です。まずは弱い自分を知ることが大事です。

私自身も怠惰でルーズで自己中心的だという前提で自分に接しています。では、どうしたら行動を変えられるのか？　行き着いた答えが事前準備、トレーニング、日々の習慣です。続けることで、習慣を守っていれば自分は簡単には流されない、崩れないという心の拠り所になっています。

もしかしたら、縛られるとか、苦行を想像された方もいるかもしれませんが、わたしにとって習慣とは弱い自分を守ってくれるものです。

もうひとつ、わたしがつねに不安や恐れを解消するために実践していることは恐怖と不安を選別し、不安は解釈と考え、気に留めないということです。

恐怖には目に見える対象物があり、不安には目に見える対象物がない。たとえば、山登りの最中に、クマが出てきて襲ってきたら……。これは「恐怖」です。

山登りの最中に「クマがでてきたらどうしよう」と考える。これは「不安」です。

いまの自分の心の在りようは「恐怖」なのか「不安」なのかを事実に基づき選別することが大事です。

きっと多くのことは「恐怖」ではなく、「不安」なのではないでしょうか？

ならば、これはもたなくてもよいものではないでしょうか？

「不安」はひとつの感情や生理反応と捉え、コントロールできないものと割り切り引き離します。

この「不安」が目標達成の阻害要因になっているならばもたないことが大切です。

なぜなら、人間は習慣の生き物だからです。良い習慣もあれば、悪い習慣もある。成果の出る習慣もあれば、成果の出ない習慣もある。だったら、良い習慣、成果の出る習慣を守っておけば、自然といい人生、自分が理想とする人生を歩めます。

事前準備、トレーニング、日々の習慣

それでは、わたしがどのような習慣形成をしているかをご紹介します。ひとつの例として参考にしていただければさいわいです。

朝は5時55分（GO GO GO）に起きます。これは研修でも伝えている時間です。朝を制するものは人生を制する。早くに起床することで朝の時間を有効活用できるのです。前日に会食でお酒を飲んでも、朝は同じ時間に起きます。休日だけはもう1時間遅く起きます。

起きる時間が決まっているので、必然的に寝る時間も決まります。睡眠時間は6時間確保したいので、就寝は夜0時です。1日のスケジュールからその6時間が最初に引かれます。すると、残り18時間をどう使っていくかを考えることになります。

起床後、いちばんはじめにすることがベッドメイキングです。仕事を終えて帰宅したときにきれいなベッドだと気持ちよく入眠できるからです。

布団を整えたら、コップ1杯の水を飲んで、カーテンを開けて朝日を浴びます。そのまま軽くストレッチをしたあと、黒りんご酢と整腸剤を飲みます。黒りんご酢は内臓脂肪にいいと聞いて、調べたものを取り寄せています。

スーツは日曜日に1週間分のスーツ、シャツ、ネクタイをすべて揃えておくので服を選ぶ時間がかからず、すぐに身支度を整えられます。通勤に片道1時間15分かかるので、朝6時半過ぎには家を出ます。


通勤電車の中では交感神経優位で活動的になるよう、アップテンポの音楽を聴いたり、ビジネスに役立つ本を読んでいます。最近はオーディオブックを聴くことも多いです。

反対に帰りの電車の中ではリラックスモードでスローなテンポの音楽を楽しんだり、好きな小説を読んでいます。深い眠りをすることから逆算した行動をしています。

会社には8時過ぎに到着します。タンパク質の多いヨーグルトを食べます。年齢的にも3食食べると胃腸が休まらないので、朝食を軽くすることで前日の夕食から翌日のお昼まで大体15~16時間空けることを意識しています。オートファジー効果を期待したプチ断食です。昔は体形維持のため、ストイックに自分を追い込むようなファスティングをしていましたが、いまは自然と16時間断食になっています。厳密にしているわけではないので、朝食をとりながらのミーティングが入るときもありますし、その時々で変わります。

始業は10時なので2時間ほどあります。打ち合わせがなければ研修の準備をしています。研修の構成や今日のセッションで用意している話材は効果的か？　もっとほかにいい譬え話はないか？　わかりやすい表現はないか？　頭の中で研修をシミュレーションしながら考えます。

研修がある日は事前準備に1時間、研修後に30分の振り返りをします。研修のあとに会食や懇親会が入って遅くなってしまった場合、翌日の朝に振り返りをおこないます。

事前準備と振り返りはセットです。毎回の研修後に必ずおこないます。その日一日で完結するから仕事がたまらないし、思考が整理された状態で毎日を過ごせます。

ゴルフでも素人ほどどうやったら気持ちよくドライバーで飛ばせるかを考えますが、プロはアプローチの練習をたくさんします。ミス、イレギュラーは必ず起こります。だからこそ、事前に対処法を考え、いかに早くリカバリーできるかを考える時間をもつのです。

仕事だけに留まりません。なりたい姿からブレていないか。目標達成のために効果的な一日を送れたか。1ヵ月に1回、1週間に1回ではなく、毎日セルフカウンセリングをして時間の使い方を振り返りましょう。毎日確認して、修正することが目標達成のコツです。

ランチはなんでも気にせずしっかり食べますが、腹7分目を意識しています。3日間の研修中は、体調管理もあるのでもう少し軽くします。

そして、午後も集中力を維持するために研修があってもなくても昼寝を15分間必ずします。

食事については「○○制限」は我慢なので好きではありません。好んでタンパク質を摂ることで、自然と糖質量が抑えられています。タンパク質も肉や魚だけだとカロリーが高いので納豆や豆乳など植物性のタンパク源から摂ります。ソイプロテインも飲みます。間食としてハイカカオのチョコレートを食べることもあります。

19時半ごろに研修を終えたら、カフェに入ったり、時間がないときは電車の移動中に研修の振り返りをおこないます。

「話す順番はこのほうがよかったかもしれない」「あの人に気づいたことを発表してもらったほうがよかったかな」「あの受講生の発表からこう話をつないだほうが全体にまとまっていたかもしれない」と、検証は研修後できるだけ早くおこないます。

「ああしておけばよかった」とモヤモヤしているあいだは思考がクリアではありません。つねに気分よく生きるためには、先延ばしにせず、その日のうちに終わらせます。すると、すぐに次の研修をしたくなります。早く次をやりたいという気持ちで毎日を終わらせるのです。

30分間カフェで検証したあとは、読書をしながら電車に揺られて21時過ぎには自宅に着きます。夕食をとったら、入浴して、そのあとはリラックスして過ごしています。

質の高い睡眠を得るために、就寝前1時間はスマホを置いて意図してリラックスタイムとしています。趣味の映画やスポーツ観戦を楽しんだり、好きなことをします。

健康管理は食事、睡眠がメインで、特別な運動はとくにしていません。だから、スクワットできる椅子を購入して、映画を見ながら、スポーツの試合を見ながら、スポーツジムに行かなくても、普段使わない筋肉を使うように工夫しています。そして、24時までには就寝します。

これらは習慣化していて、無意識にできているからでしょう。今まで大病をしたことはありません。体調のよさを実感すると、もっといい方法はないかを探そうとして、改善自体が楽しくなってきます。

淡々と、無理せず、心身ともに健康で過ごせるように、「こうなったらいいな」というものが無意識にできる行動を取り入れると習慣になりやすいです。

時には、仕事でストレスが溜まって、お酒を飲んで発散させたくなります。嫌な気持ちを溜め込みたくないので、ストレス発散するときには、だらだらせずハイボール1杯、時間は20分と決めて居酒屋に入ります。おそらくお店の人から見たらわたしは驚くほど落ち込んでいるでしょう（笑）。

怒りの感情や落ち込みの感情は人間誰しも感じるものです。溜め込まないよう、定期的に抜くのはルーティンとしている習慣です。半年に一度くらいは、ハイボール2杯、1時間になることもあります。すべてを吐き出したら、あとはスッキリして帰れます。わたしにとって、ストレス処理で飲みに行くことは、緊急ではないけれど重要な第二象限に入っています。

糖質量を抑える話をしましたが、会食では乾杯はビールでも2杯目からはハイボールにしています。たまにポリフェノールの多い赤ワインを飲みます。

プライベートは気心の知れた人、お互いに高め合い、満たし合える人、価値観の近い人と付き合います。吉田松陰先生は、読書、拓友、立志が大切だとおっしゃっています。わたしは所属よりも愛の欲求が強いので、特定の人と深く付き合うタイプです。リラックスして本音を言い合える人との時間は愛の欲求を満たすので、会う人は選びます。

50代になって、いちばんに求めるものは「心の平安」になりました。そのためには、物心ともに豊かで人間関係も良好で健康でなくてはなりません。

普段の生活をパターン化していると、心が落ち着く気持ちいい状態でいられるのです。気分のいい状態がスタンダードになります。

心がざわついていたり、何かがズレているときには、「少し疲れているな」「ストレスを感じているな」「集中できていないな」と違和感にすぐ気づけます。

思考の整理とは、行動、言葉、時間の使い方、身体の状態、身の回りのもの、生活そのものを整えることなのです。

だから、体調だけでなく体形管理もしています。つねに自分のベスト体重を保っています。スーツはオーダーでつくっていますが、何年もサイズが変わっていません。洋服のサイズに自分の体形を合わせます。

髪の毛も2週間に1回は整えるために切っています。散髪はリラックスタイムです。床屋と本屋は大好きです。月に1回は1日かけて、本屋とカフェをはしごする日があります。

リラックスの場所である家では判断する時間もなくしたいので、部屋着は動きやすいものを選んで、色違いでたくさん持っています。

外出用の私服はシーズンに2回、プロにスタイリングしてもらっています。9年前、公開講座のなかで洋服のセンスがないことがコンプレックスだと言ったら、アパレルで働いている方がスタイリングを買って出てくださいました。わたしのこともよく理解してもらっているので、すべてお任せしています。自分より知識や技術ももっている人に任せられることは任せる。これもタイムマネジメントのひとつです。

願望を明確にする

わたしにとっての上質世界は「整える」なので、1日の行動はルーティンとして決めています。思考が整理された状態で生きることにわたしは価値を感じていますし、性格的にも合っています。

「そんな自己管理はできません」
「人は最善を尽くしているんでしょう？　なら、今のままでもいいじゃないですか」
「ルーティンをつくって縛られるような人生は幸せじゃありません」

色々な考えがあるでしょう。

わたしにとってルーティンを守ることは、無理せず、疲弊せず毎日を過ごすためのトレーニングなのです。昔は真冬の二度寝が大好きでした。わざわざ起床の30分前に目覚ましをかけて一度起きるのです。そして二度寝をする。それが何よりも幸せでした。ただ、それは目の前の快適感情を得るためであって、目標達成にはなんら役立ってはいません。

いまでは上質世界が変わり、「朝を制する者は人生を制する」という価値観になりました。これもトレーニングです。人生は考え方と欲求充足の仕方で変わります。

2012年に出版した『セールスの王道　会う前に8割の勝負は決まっている』(ぱる出版)でも同様のことを書いています。11年経って、ルーティンを守ることの価値はさらに身に沁みていますし、ルーティン自体もどんどん洗練されていっています。

ルーティンなどつくらず、寝る暇も食べる暇も惜しんで仕事に打ち込みたい人もいるでしょう。生き方に正解はありませんが、好き嫌い、良い悪いではなく、自分が求めるものに対して効果的かどうかを考えて生きると欲求が満たされるということは知っておいていただきたいです。

短期的な視点に立てば、目的・目標なんてもたず、習慣ももたないほうが楽かもしれません。ただ、長期的に見たときはどうでしょうか？　たとえばダイエットを考えたときに「痩せたい」と「食べたい」が天秤にかけられます。そのとき「痩せたい」という長期的な願望を意識することで、「食べたい」という短期的な願望に囚われなくなります。

確かに今は楽しい。しかし、その先、続けていくとどうなるでしょうか？　あなたがなりたい姿に近づきますか？　目の前の楽を得ることと、長期的に築いていきたい人生を実現すること、どちらがあなたの幸福を最大化しますか？

求めるものが明確になると、長期的な視点で目標を立てることができます。そのために、整理された行動をとるようになります。これも思考のトレーニングです。自分の未来や将来を考えて、逆算して毎日の行動に落とし込んでいきましょう。

自分の得意なこと、好きなこと、価値観を大切にしていく行動を習慣化していくことが、充実した人生を歩むための秘訣です。

最適な目標設定

なぜ目標を達成しなければならないのか？

あなたには価値があるからです。価値あるあなたが歩むにふさわしい、充実した自信に満ちた人生を描きましょう。

目標を設定することで目標に縛られたり、窮屈さを感じる人もいるでしょう。また、挫折を味わいたくないから目標設定を避けたくなるかもしれません。

目標を設定するにしてもしないにしても、私たちは毎日色々な人と関わりながら、生きています。そのなかで自分をいちばん見て、かかわっているのは、家族でも上司でもなく、自分です。他人からの評価はプラスアルファです。

いちばん自分の人生を見ている自分が全幅の信頼を置けるような毎日を過ごしているでしょうか?「毎日充実感、納得感がある」「自分は価値ある人生を送れている」「自分はすばらしい人間だ」。そう実感できるためのものが目標の設定と達成なのです。

自分で自分をどう見るかというのは自己概念です。多くの人は他人からの賞賛、承認で自己概念を醸成します。それは悪いことではありません。もし相手が自分のすることをすべて評価してくれて、承認してくれたら自己概念は上がります。わたしだってそうです。

ただ、その相手が評価してくれなくなったら、いなくなってしまったらどうなるでしょうか? コントロールを失います。

だから、自分のことは自分で欲求充足できるようにすると、自己概念を自分一人でも醸成できるようになります。目標を設定し、達成する日常を送るのです。

達成を積み上げることで自信が育まれ、自信があるから相手にも与えることができて、自分は役に立っている。用いられているという実感がまた自己概念を上げる。そういった循環に入っていけます。

目標を設定すると縛られるような感じがする。挫折や苦痛を味わいたくない。これは目標設定の技術の問題です。

自分の欲求を知り、満たせる目標を達成し続ければ、達成感、充実感がもてます。毎日大切なものを大切にしていると実感できるから自分が好きになります。

何か大きなことを成し遂げなくても、自分に嘘をつかず、人生理念から一貫性のある行動をする。それだけで自信は培われます。

「できた！」という成功体験が、「できる！」という信念に変わってきます。だから、目標が高すぎると達成できずに成功体験が積めません。目標が低すぎても同じです。達成感がなく「できた！」という成功体験にならないのです。

ですから、目標を立てる際に、自分にとって最適なゾーン（アチーブメントゾーン）にその目標が入っているどうかを見極めることが大事です。

よくあるのは、他人の目を気にして高すぎる目標を設定してしまうケースです。未達成が続いて、自己概念が下がります。周りとの比較は一切必要ありません。

自分が部下をもっているときも同様です。メンバーのもっている情報、知識、技術はそれぞれ違います。売れていない人間は、キャリア領域の下限で小さな達成を積み重ねる。売れている人間はチャレンジ領域で、どんどん高

［アチーブメントゾーン］

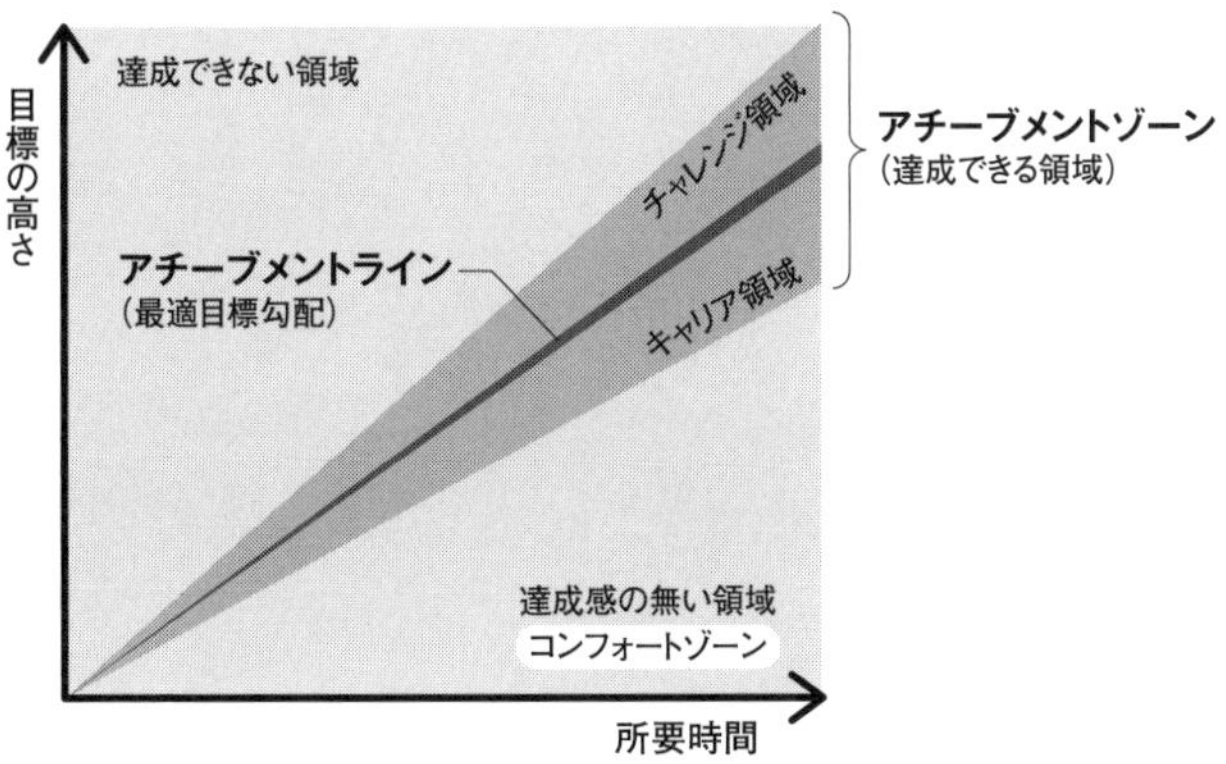

©Copyright 1997,2012 Achievement Corp., All rights reserved.

い目標に挑戦していくような関わりをしていきます。成長を実感できるラインに目標を定めることが大事です。

もし、組織の掲げる目標が高すぎる場合には、交渉が必要です。自分のもっている力に対して、妥当なのかどうかを上司と検討してください。

あるいは、チャレンジ領域に目標を置いたものの、高すぎることに気づいて途中で変える必要もあるかもしれません。

大切なことは勝ち癖をつけることです。成功のサイクルに入ることです。

自転車も最初は力を入れてペダルをこがなければなりません。しかし、前に進み始めると手を離しても自然と車輪は回転して自転車は前へ進んでいく。だから成功体験の多い人ほど高い目標をどんどん掲げられます。初速が肝心です。アチーブメントゾーンのなかで確実に達成感を味わえる目標を設定しましょう。

出会いたい人と出会う

目標を設定したあと、自分一人でできることは限られているので、他人の力を借りて物事を成し遂げていく必要が出てくるでしょう。

では、コントロールできない他人の力をどうやって借りるのか？

そもそも人は誰もが、役に立ちたい、貢献したいという力の欲求をもっています。だから、全員が出番を待っていると考えてください。

誰かの役に立っている。用いられていると実感するとき、人の幸福度はもっとも高くなります。だから遠慮せずに、協力を頼めばいいのです。

ただし、力になりたいと思ってくれていても、こちらの願望が明確になっていなかったら、協力しようがありません。だから、自分の人生の目的・目標をたくさんの人に知らしめましょう。そうしたら出番を待っている人が力を貸してくれます。

自分が付き合いたい、お近づきになりたい人がいるなら、理想のプロフィールをつくってみましょう。その相手から選ばれるのはどういう人間かを考えるのです。そして、自分がそういう人が自然と集まってくるような付加価値の高い、魅力的な人間になる努力をするのです。

自分の能力を開発すればするほど、付き合う層が変わって、会いたい人にどんどん会えるようになります。わたしはおかげさまで好きな野球やラグビーなどもご招待いただくことが多いのです。わたしがスポーツ好きということを知っていて、チケットを手配してくださった相手から、付き合うだけの価値がある人間だと認められているからでしょう。

わたしがアチーブメントに入社してまもないころに、日本生命保険相互会社で2年連続日本一になったセールスパーソンの方にあることを教わりました。

オフィスに遊びにいかせていただいたときに、財界、政界、スポーツ界など各業界のトップクラスの人たちとのツーショット写真がたくさん飾られていて、「どうしてこういう方々をお客様にできるのですか?」と聞くと、「こういう人に会いたいと常日頃から言っているからです」と答えてくださいました。

その方は、若い経営者にご自身の経験を教えたり、人脈をつないで支援されていました。そこで育った経営者の人たちが次々と紹介をしてくれたということでした。すでに成功している人ではなく、目の前の若手経営者が日本の未来を担うと本気で信じて、徹底的に成功させることをご自身のミッションとしていたのです。

契約を取ろうとするのではなく、自分がいちばん貢献できる人は誰かを探して、相手に興味関心をもって、人の役に立てるよう貢献するというのは誰でもできることだと思います。

「おもてなし」の語源は「自分が持って、人に成す」ということ。自分が持っているものをもって成し遂げるのですから、自分の魅力や付加価値を高めて、それを自分だけのものにしないで多くの人に分かち合っていく気持ちや思考をどうやって醸成していくかもトレーニングのひとつです。

自分にはなんの人脈もスキルも知識もないという人もいるでしょう。わたしが前職のプルデンシャル生命に入社したときは30歳でした。未経験の業界で顧客も何もなく、生命保険をどうやって売るかもわかりませんでした。

そこで、支社内のトップセールスのところへ挨拶に行きました。「どうしたらトップセールスになれますか？」と質問するところ答えてくださいました。

「営業成績を上げる秘訣は2つあります。まずは半年間先輩の机を毎日拭いてください。もうひとつ、1本の電話が相手の人生を変えると思って集中してかけてください」

じつは、わたしはプルデンシャル生命の面接を一度落ちています。成功体験が足りないと判断されたからです。それでも3年かけて実績を積み上げげて、2回目の挑戦でようやく採用してもらえました。

これまでのキャリアもある程度あるし、とにかく保険を売ろう。この仕事で身を立てようと息巻いているときに、トップセールスの先輩は、半年間机を拭くことで得られるものがたくさんあると教えてくださったのです。
それからわたしは言われたとおり半年間、出社してから、毎朝先輩の机をすべて掃除していました。几帳面な性格なので、机を拭くだけではなく、本棚を整理したり、机の周りのゴミを拾ったり、きれいにしていると、先輩たちが自然と相談に乗ってくれたり、同行してくれたり、色々と助けてくれるようになりました。

スキルがなかろうが知識がなかろうが人脈がなかろうが、できることはたくさんあります。人間は弱いので、「これだけやっているのに、先輩は何も教えてくれないな」とフラストレーションが生まれてきてしまうものです。
だからこそ、意味付けが大事です。目の前のことを雑用と思えば雑用になってしまいます。しかし、それは目の前のことを自分がどう意義付け、意味付けするかで変えられます。用を雑にしているのは自分の考え方だからです。

高校時代のラグビー部の同級生が千葉県のある市長選に出馬しました。わたしは応援のために駅前にチラシ配りに行きました。セールスは得意なので自信はあったものの、まったく受け取ってもらえずに苦労していました。

「手渡すタイミングもいいし、感じも悪くないはずなのにどうしてだろう……」と、頭を悩ませていたところ、隣を見ると60歳ほどの男性がスムーズにチラシを配っています。「どうしてそんなにチラシを受け取ってもらえるのですか?」と尋ねると、「このチラシが、日本を変えるんです。それをぜひ知ってもらいたいという思いで配っているんです」と笑顔で答えてくださいました。

この言葉を聞いて自分が恥ずかしくなりました。わたしは「自分の何が悪いんだろう? 手持ちのチラシがはけなかったらどうしよう。恥ずかしいな。申し訳ないな」という気持ちでいっぱいでした。

しかし、男性はほんとうに道行く人のためになる情報だと思って、相手のためにチラシを配っていたのです。それからは男性ほどではなかったものの、チラシを受け取ってもらえるようになりました。

命とは時間です。この1分1秒はあなたの命です。そう考えたとき、自分がしていることはあなたにとってどんな意味をもちますか？　それは自分の価値観に紐付けられているでしょうか？　あなたの人生にとって価値をつくり出す行動ですか？

自分の価値観を大切に、自分の人生を価値あるものにするために時間を割けば、自然とあなたの価値が増します。貢献できることも増えますし、魅力が増してどんどん人が集まります。

わたしが研修の準備や振り返りをするのもお客様への感謝と尊敬のためです。ビジネスでの成果につながっていますが、目的は自分の大切な価値観を大切にするためです。経済的な価値を得ることだけではなく、自分の人生をよりよく、価値あるものにするために、事前準備に時間を割いているのです。

強みにフォーカスする

わたしは転職を繰り返してきました。現在は4社目で、この会社に骨を埋《うず》めると決めて22年間働き続けられています。それは自分の得意なこと（才能）、自分の好きなこと（願望）、自分が価値を感じていること（価値観）が一致したからです。

青木社長が講師を務めるスタンダードコースを体系化し、ほかの講師ができるようにする。そうして日本全国津々浦々まで選択理論心理学とアチーブメントテクノロジーを普及することは会社としての積年の願いでした。

過去には外部の企業にコンサルティングを依頼しようとしたこともありましたが、「これは青木さんの人生経験から成り立っている講座なのでほかの人にはできない」というのが回答でした。

そこでプログラムをゼロから再構築し、再現性のあるものにする全社プロジェクトが始まりました。その初の研修トレーナーとしてわたしに白羽の矢が立ち、数年にわたる講師トレーニングの末、２０１３年9月26日、東日本大震災の爪痕がまだまだ残る宮城県仙台市で、受講生24名を前に登壇しました。

青木社長の生み出したプログラムを正しい手順、方法、内容で伝えることがわたしの役割であり、責任です。それを自分だけではなく、一人でも多くのトレーナーが実践できるように育成することに使命感をもっています。得意なこと、自分の好きなこと、自分が価値を感じていることの3つの重なりで仕事ができていることが、アチーブメントで働き続けている理由です。

自分の才能を磨き、上達すれば好きになり、それが世のため、人のために役立つことを実感できます。得意なことに願望、価値観が伴うことで、自分の力を最大限に発揮できます。これが強みです。強みを活かせると、努力を努力と思わなくなります。我慢もありません。

自分の才能が何かを見出すのは難しいと思われるかもしれませんが、楽しくて自然と結果が出ること、無意識でしていることで、人からほめられるようなことが才能のヒントです。

人から評価されるのは、その相手の欲求を満たせているということです。それを特別に意識せずできているということは、人よりもうまいわけです。

たとえば、わたしが社会人になってはじめて就いたのは経理の仕事でした。締め切りは必ず守っていましたし、正確で丁寧な仕事ぶりでした。

それは上質世界に「整える」ということが入っているからです。営業職になってからも、一人ひとりのお客様に対してのセールスの行程管理もきっちりしていました。

トレーナーになってからは青木社長の開発したプログラムを正しい内容、手順で正確に伝えられるように、10年以上、設計どおり忠実に研修し続けています。

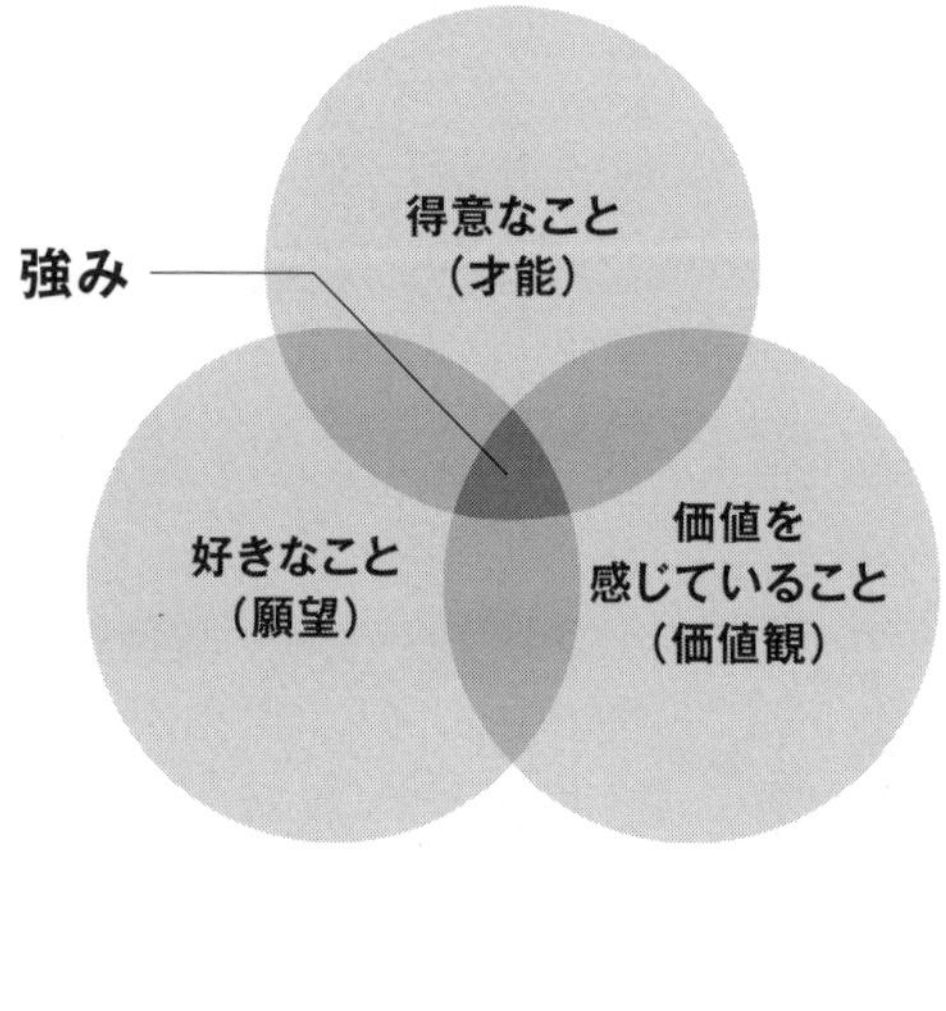

このように几帳面であったり、丁寧に一つひとつを細かく見るのがわたしの才能だと思っています。それが好きだし、もっともそこに価値を感じます。

最初はひたすら自分が成功したい、トップセールスになりたいという利己的な願望をもっていました。しかし、付き合う人、得る情報、求められる役割が変わってきたことで、願望、価値を感じるものも変わってきました。才能は変わっていません。才能の活かされる場所がどんどん広がっていくことで、もっと多くの人に貢献したい。役立ちたいと利他的な願望、価値観が醸成されていくのです。なおかつ、その強みが誰かの役に立つことであるならば、さらにやる気やモチベーションは自然に醸成されていくことでしょう。利己的よりも利他的な行動のほうが自己重要感を得ることができるのです。

ですから、自分を変えるという発想から、自分の才能を活かすことにフォーカスしてください。人は千差万別ですから、誰でも才能があります。人にはないものをもっています。だから、自分の強みは何か？　ほかの人にはできないことで無意識にできることは何か？　思いもしなかったけれど、他人からほめられたり、評価されたことは何か？

才能をもっともっと活かせるよう、才能は何かを知っていきましょう。

自分を変えるのは大変な作業です。それよりも自分を知り、才能を知り、活かすことに焦点を与えたほうが得たいものが得られるし、自分の価値観を実現しやすくなります。

豊かな人生よりも豊かな人間をめざす

能力開発の本質は花壇づくりです。蝶々を集めるのではなく、蝶々が集まるような付加価値と魅力の高い人間に自分がなる。すると、自分の周りに素敵な蝶々（人間）が集まってきます。

多くの人は、毎年毎年、網で蝶々を追っています。これはあとに残らない努力です。網を鍬に持ち替えて、足元の土を耕す。つまり、考え方を醸成する。よい種は原理原則です。これを蒔いて、毎日の習慣として実践する。つまり、水や日光、栄養を与えていくのです。

ただ、人は流されてしまう生き物なので、定期的に学ぶことによって雑草を刈る。すると、あなたの才能や努力にきれいな花が咲き、蝶々は集めなくても勝手に集まってきます。

ここで安心して習慣や学習をやめてしまうと、花はあっという間に枯れてしまいます。だから、能力開発に終わりはありません。続けることで花から種が落ちて、隣の花壇でも自分の花壇と同じような立派な花が咲き誇ります。そうした人がパワーパートナーとして、力を貸してくれます。こうして花園（コミュニティ）が出来上がっていきます。

大事なことは「あの人にはいつもお世話になっているから、なんでも力になりたい」と周りの人に思ってもらえているかどうかです。普段の在り方がいざ協力を頼んだときにも現れます。だから、相手の役に立てるように真っ先に自分が動く。与えてもらうよりも先に相手に与える。

仕事も同様です。社内であれ社外であれ、相手の欲求を満たすから、上司が、同僚が、顧客が知恵を貸してくれたり、協力してくれます。

普段は連絡してこないのに、困ったときにだけ頼ってくると思われたら協力してもらえませんよね？　社内外を含めて、日々相手に喜んでもらいたいという土壌づくりをすることが仕事なのです。他人の力を借りることが最優先であることがわかれば、普段から相手の欲求を満たす関わりができるわけです。

他人から喜んで協力したいと思われるような人間になることが能力開発です。そのためには、普段からの振る舞い、使う言葉、他人への関わり方、お金や時間の使い方を他人を喜ばせるものにしていく。打算ではなく、「与えてから与えられる」という原理原則を自分自身に落とし込むのです。

たとえば、わたしは営業所長時代にメンバーには、「お客様のＳＮＳをチェックして、お客様が気づいてほしい、言ってほしいと思っていることに対して毎日コメントやメールをすることは非常に効果的だよ」と言っていました。コメントを受け取った相手は「自分が研修で学んだアウトプットは読み手にとって価値があったのだな」と自信をもてます。

毎日10人のお客様にコメントをしたら、1ヵ月で300人です。その積み重ねがお客様からの信用となり、そして信頼になります。

フィードバックの話が出たので、少し話が横道に逸れますが、フィードバックの観点についてご説明します。

フィードバックとは、その人が気づいてほしいことや言ってほしいことを伝えて、相手の欲求を満たすことです。決して批評することではありません。

だから、改善点を伝えるときでも、適切に表現できる語彙力が求められます。わたしは「この言葉はいいな」「この表現は人の徳を高めるな」というものをつねに収集しています。

人には必ず気づいてほしいこと、言ってほしいことがあります。その半歩先をフィードバックするのです。だから、目に見える範囲だけを観察するのではなく、目には見えない心の在りようを洞察します。

たとえば、日本プロスピーカー協会主催の試験でわたしは試験官をしています。志望者のプレゼンテーションを聞いてフィードバックするのですが、「縦軸を達成、横軸を人間関係としたときに、成果は出ているようですが、まだお父様との関係が完結していないのではありませんか？　そのことが完結したときにもっと大きな成功を手にすることができるのではないのですか？」といった具合です。

フィードバックを受けることで、プロスピーカーになったあと、今度は自分がほかの人に洞察をもったフィードバックができるようになっていきます。それが「自分のことをわかってくれる。関心をもってくれている」と相手からの信頼につながります。

私自身は、公開講座のアシスタントに入られるプロスピーカーの方々には前日と講座が終わったあとに必ずお礼のメールを送っています。会社から決められたルールではありませんが、個人的に感謝をしっかりとお伝えしています。

また、以前はプロスピーカーの一次試験をすべて担当していましたが、エントリー人数が多くなるにつれ、分業制になり、現在わたしが試験官を務めるのは全体の4分の1程度です。

しかし、後日ほかの志望者の映像も時間の許すかぎり見て、面談し、改めてプロスピーカーとしての期待をお伝えしています。会社から与えられた役割でもなんでもありませんが、試験に挑戦してくれる人たちには喜んでいただけますし、プロスピーカーになったあと、公開講座のアシスタントとして入っていただいたときに「この人はこういう話をする」とあらかじめわかっているので講座の受講生にとって効果的なタイミングで登壇し、ご自身の経験をシェアしていただけます。

人は自分の欲求を満たしてくれる人、自分の上質世界を大切にしてくれる人を好きになります。その逆に欲求を阻害する人、上質世界を傷つける人を嫌いになります。

だから、相手の上質世界は何かをつねに意識して、そこにあるイメージを満たせるように自分には何ができるかを考えましょう。

相手の上質世界は時間とお金の使い方で見えてきます。相手がどういうことを話題にしているのか、どういう時間の使い方をしているのか、どんな洋服を着ているのか、どんな車に乗っているのか。あらゆるものにその人の価値観が反映されます。何気ない会話のなかで、「最近面白いものはありました？　ハマっていることはありますか？」と聞くのもいいでしょう。

周りの人が幸せになることによって、自分はほんとうに価値ある人生を送れていると実感できます。自分の大切な価値観と行動を紐付けて実行するのです。

わたしの人生理念は「愛、誠実、感謝、原理原則」です。本書にお客様が寄稿してくださったのも、常日頃から感謝や尊敬に紐付けて関わっているからでしょう。

自分の価値観を行動で完結することで、自然と周りからも力を借りられる人間となっていきます。

豊かな人間が豊かな人生を築き上げるのです。豊かな人生は現象にすぎません。それをいつでもどこでも築き上げることができるのは豊かな人間だからです。豊かな人間になるために能力を開発するのであり、豊かな人間の集団が花園なのです。

では、豊かな人間とはどういう存在か?

徳と才を兼ね備えた付加価値の高い魅力的な人間のことを言います。徳とは人柄、ほんとうに世のため、人のために貢献しようと思う人格のことです。才とは専門的な知識や技術、物事を成し遂げる力のことです。人格においてはわたしは旧教育基本法第1条を大切にしています。

> 第1条（教育の目的）
> 教育は、人格の完成をめざし、平和的な国家及び社会の形成者として、真理と正義を愛し、個人の価値をたつとび、勤労と責任を重んじ、自主的精神に充ちた心身ともに健康な国民の育成を期して行われなければならない。

原理原則に従って、よい習慣を形成することでこれらが備わってきます。すると、自分にしか伝えられない、与えられないものができて、世の中から必要とされ、求められることで経済的にも豊かになっていきます。

1903年、ライト兄弟は人類史上はじめて有人動力飛行に成功しました。じつは、ライト兄弟はその飛行技術をアメリカとフランスへ売るために、特許を取得しようとして法廷闘争に明け暮れます。そのあいだに飛行技術は急速に進化し、1908年にフランスで開かれた世界初の飛行コンテストでライト兄弟は入賞すらできませんでした。そして、1912年に兄のウィルバーは腸チフスで死亡、弟のオーヴィルもその4年後に飛行機製造を離れてしまいます。晩年、オーヴィルは動力飛行機の発明を悔いる発言をしています。

もう一人の偉人で近代免疫学の父と呼ばれるエドワード・ジェンナーをご紹介します。ジェンナーは乳業に携わって牛痘になったことのある人間は天然痘に罹らないことを知り、20年にわたる研究の末、牛痘を摂取することで天然痘を防ぐ種痘法を開発しました。

しかし、イギリスの医学界はこの功績をまったく認めず、牛痘を打ったら牛になってしまうと散々批判されながら、ジェンナーはこの予防法を続けていきます。

その後、天然痘が大流行し、ジェンナーの天然痘ワクチンは世界中で使用されるようになります。仲間からは特許取得を勧められましたが、ジェンナーは天然痘根絶のために利益を独占せず、ワクチンを広めることに尽力するのです。

そして、ジェンナーの死後、約170年が経った1980年にWHO（世界保健機関）は天然痘根絶を宣言しました。ワクチンの語源はラテン語で「牛」を意味します。ジェンナーの研究はのちに炭疽菌《たんそ》、狂犬病、結核菌など免疫研究の基礎となりました。

自分が得た知識や技術を惜しみなく与えられる。他人の成功、幸せを心から自分の喜びとする。これが豊かな人間です。

謝辞　あとがきにかえて

「人はいつからでもどこからでもよくなれる」

「生き方に正解はない。ただし、効果的な生き方は技術として存在する」

「成功も幸せも技術である。ゆえに、誰もがあとから体得することができる。ただし、本人が強く求めれば」


最後に、本書をこうしてこの世に出すに至る過程でもっともよき理解者であったアチーブメントグループCEOであり、我が恩師である青木仁志社長、「売れない本は絶対に出さない」とこの10年間わたしに課題を与え続けてくださったアチーブメント出版、塚本晴久社長、そしてわたし以上にこだわりをもってこの出版制作に尽力くださった白山裕彬さんに心より感謝をお伝えいたします。

前著『セールスの王道　会う前に8割の勝負は決まっている』（ぱる出版）を出版してから11年の歳月が流れました。まさに「光陰矢のごとし」、時が過ぎるのはあっという間です。そのあいだにはわたしにもさまざまな出来事がありました。結婚30周年やアチーブメントに入社して勤続20年を迎え、また、愛する二人の娘は成人し、長年に渡り苦労をかけてきた妻が、ちょうどこの書籍が世の中に出る２０２３年9月に還暦を迎えます。

世の中に目を向ければ、新型コロナウイルス感染症の拡大で世界は戦後最悪の経済危機に直面し、私たちのコミュニケーションにも大きな制限がかかり、ライフスタイルそのものの見直しも余儀なくされました。そのコロナ感染拡大初期の２０２０年4月に最愛の父がすい臓がんで天国へと旅立ちました。振り返れば、私自身も社会に出て35年以上が経ち、還暦がもう目の前に迫ってきています。

人生は有限です。ただし、本書で記した原理原則は後世に残ります。多くの偉人たちが数多くの計り知れない原理原則を残していってくださいました。

わたしはその恩恵にあずかったにすぎません。ただし、さほど才能や能力がなかった自分でも、素直にこの原理原則に生きると決め、実行してきました。その結果、いまがあります。そして、その原理原則や情報、知識、技術を学び得たことに満足せずに、さらに創意工夫をし、新しい価値として整理して参りました。わたしが学び得た知識や技術を、今後は還元、貢献、分かち合って参ります。


言葉や定義は力です。わたしはここまでほんとうに原理原則に守られてきました。なぜなら「実感」できるからです。「なんとなく」「勘で」「偶然に」ではないからです。わたしはこの「実感」できることがすべてだと思います。「幸せになる」というよりは「幸せを実感できる自分になる」ということになります。

これからもさまざまな出来事が目の前に立ちはだかることでしょう。そのなかには予期せぬこと、望まないこともあるでしょう。ただ、私たちは生きていきます。ということは、生涯、自分の「実感」の中で生きていきます。すなわち、自分自身の「メガネのレンズ」の中で生きていきます。

赤のレンズをかければすべてが赤く見える。青のレンズをかければすべてが青く見える。どんなレンズをかけるのか？　選ぶのか？　つくるのか？　そのレンズを製作しているのが自分が選んだ情報や積み上げた経験（知識や技術）になります。ゆえに現在のレンズは現在もっている情報や経験でできています。これからのレンズはこれから取捨選択する情報や経験でできるのです。


人間は情報の取得と行動の選択を繰り返す生き物です。これからはご自身の情報の取捨選択の基準を高めることが大切なのです。本書がその一翼を担えるならばこれ以上の喜びはありません。最後はこの言葉で締めくくりたいと思います。

「良質な情報との出会いは人生を根本から変える時がある」

この本が皆さまの人生の質の向上にお役に立てるならさいわいです。願わくば次は講座でお目にかかれることを楽しみにしております。

最後に2020年4月に天国に旅立った父親、いまだに上質世界のど真ん中にいる年老いた母親、長年苦労を共にしてくれた妻、泉、二人の愛娘、美紅と紫帆、ほんとうに感謝します。そして何よりもこの本を手に取ってくださった皆さまに心より感謝いたします。

大高弘之

2023年8月

［著者］
大高弘之（おおたか・ひろゆき）

1966年生まれ。上場食品商社を経て、外資系人材派遣会社に入社。その後、その営業力を買われ、外資系生命保険会社に入社。1992年にアチーブメント株式会社代表の青木仁志と出会い、2002年アチーブメント株式会社に入社、31年間師事している。

トップセールス、トップコンサルタントとして活躍し、その実績をもとに営業部マネジャーを経て、トレーナーとして、20年間で延べ約３万名以上、年間160日以上の研修、講演を担当。

主に公開講座『頂点への道』アチーブメントテクノロジーコース、ピークパフォーマンスコース、理念浸透プログラムｉシリーズ研修講師を担当している。

また、アチーブメント社生え抜きトレーナーとしてのキャリアをもとに、後進トレーナーの育成、プロスピーカー育成にも従事している。著書は、自身初となる『セールスの王道』を2012年３月に発刊。その他、『トップセールスマンになる！アポ取りの達人』、『トップ営業マン“決め”の一言』の中で執筆・監修している。

[アチーブメント出版]
Twitter　@achibook
facebook　https://www.facebook.com/achibook
Instagram　achievementpublishing

より良い本づくりのために、
ご意見・ご感想を募集しています。
お声を寄せてくださった方には、
抽選で図書カードをプレゼント！

目標達成トレーニング

2023年（令和５年）９月７日 第１刷発行

著者 ———— 大高弘之
発行者 ———— 塚本晴久
発行所 ———— アチーブメント出版株式会社
〒141-0031
東京都品川区西五反田2-19-2 荒久ビル4F
TEL 03-5719-5503／FAX 03-5719-5513
https://www.achibook.co.jp

装丁・本文デザイン — 轡田昭彦＋坪井朋子
編集協力 ———— est Inc.
校正 ———— 株式会社ぷれす
印刷・製本 ———— 株式会社光邦

©2023 Hiroyuki Otaka Printed in Japan
ISBN 978-4-86643-143-7
落丁、乱丁本はお取り替え致します。

アチーブメント出版の好評既刊本

目標達成の技術 文庫版

上場企業経営者、トップ営業マン、政治家、アスリート、一流タレント。４８０００人以上が受講した人気講座のエッセンスを凝縮！

豊富なワークで「わかった」が「できる」に変わる。この一冊で目標達成のすべてが身につく決定版！

青木仁志［著］ ■本体７５０円＋税／文庫判・並製本・４２４頁 ISBN978-4-86643-108-6

一生折れない自信のつくり方 実践編 文庫版

30万部突破のベストセラー『一生折れない自信のつくり方』の重要部分を図解化し、書き込み式ワークで再現。揺るぎない自信を確実に手に入れるための「実践編」ついに文庫化！

人生を変える力はあなた自身の中に――。

青木仁志［著］ ■本体６５０円＋税／文庫判・並製本・２２４頁 ISBN978-4-86643-129-1

侍ジャパンヘッドコーチの最強の組織をつくるすごい思考法

なぜ侍ジャパンは世界一になれたのか？ そこには「最良の人間関係」を構築し、「個人の力」を最大限に引き出すことができる3つの原則があった――。

世界Ｎｏ．１コーチが教える、職場、友人、家族間でも活かせる「人間関係がすべてうまくいく考え方」。

白井一幸［著］ ■本体１２５０円＋税／四六判・並製本・１７６頁 ISBN978-4-86643-136-9

17万人をAI分析してわかったいやでも成果が出る考動習慣

限られた時間で仕事の成果を最大化するには？ できる社員は決してIQが高い人たちばかりではありません。

限られた時間でエネルギーを正しいところに傾ける思考と行動のプロセスをもっているのです。

８００社を調査し、７００回の再現実験で明らかになったトップ社員になるための全ノウハウ。

越川慎司［著］ ■本体１４５０円＋税／四六判・並製本・２１６頁 ISBN978-4-86643-125-3

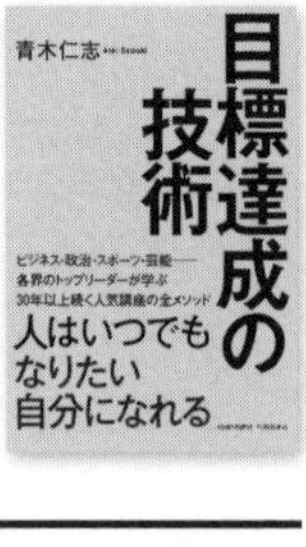

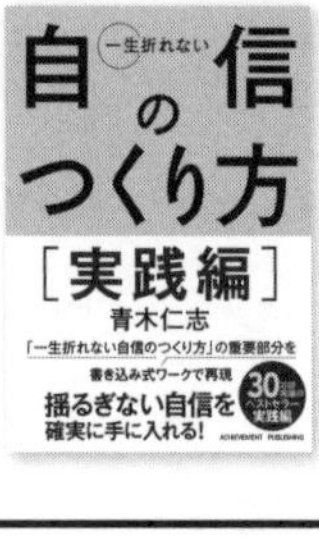

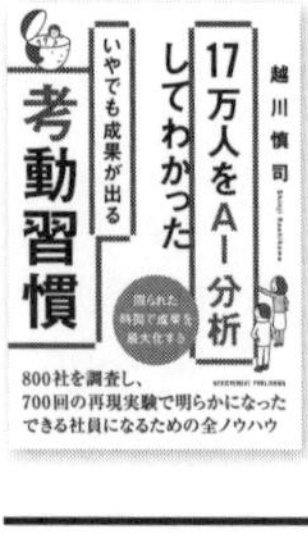